Yvonne Christoph-Wyler

Schulsozialarbeit in der Praxis: Beispiel Zürch – eine multikulturelle Schule

LAMBERTUS

Laden Sie dieses Buch kostenlos auf Ihr Smartphone, Tablet und/oder Ihren PC und profitieren Sie von zahlreichen Vorteilen:

- **kostenlos:** Der Online-Zugriff ist bereits im Preis dieses Buchs enthalten
- **verlinkt:** Die Inhaltsverzeichnisse sind direkt verlinkt, und Sie können selbst Lesezeichen hinzufügen
- **durchsuchbar:** Recherchemöglichkeiten wie in einer Datenbank
- **annotierbar:** Fügen Sie an beliebigen Textstellen eigene Annotationen hinzu
- **sozial:** Teilen Sie markierte Texte oder Annotationen bequem per E-Mail oder Facebook

Aktivierungscode: cwsa-2021

Passwort: 7288-3950

Download App Store/Google play:

- **App Store/Google play** öffnen
- Im Feld **Suchen Lambertus**+ eingeben
- **Laden** und **starten** Sie die **Lambertus**+ **App**
- Oben links den Aktivierungsbereich anklicken um das E-Book freizuschalten
- Bei **Produkte aktivieren** den **Aktivierungscode** und das **Passwort** eingeben und mit **Aktivieren** bestätigen
- Mit dem Button **Bibliothek** oben links gelangen Sie zu den Büchern

PC-Version:

- Gehen Sie auf **www.lambertus.de/appinside**
- **Aktivierungscodes** oben anklicken, um das E-Book freizuschalten
- **Aktivierungscode** und **Passwort** eingeben und mit **Aktivieren** bestätigen
- Wenn Sie Zusatzfunktionen wie persönliche Notizen und Lesezeichen nutzen möchten, können Sie sich oben rechts mit einer persönlichen E-Mail-Adresse dafür registrieren
- Mit dem Button **Bibliothek** oben links gelangen Sie zu den Büchern

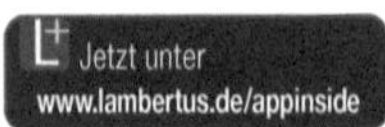

Bei Fragen wenden Sie sich gerne an uns:
Lambertus-Verlag GmbH – Tel. 0761/36825-24 oder
E-Mail an info@lambertus.de

SOZIAL | RECHT | CARITAS

Yvonne Christoph-Wyler

Schulsozialarbeit in der Praxis: Beispiel Zürich – eine multikulturelle Schule

LAMBERTUS

Bibliografische Information der Deutschen Nationalbibliothek

Die Deutsche Nationalbibliothek verzeichnet diese Publikation in der Deutschen Nationalbibliografie; detaillierte bibliografische Daten sind im Internet über http://dnb.d-nb.de abrufbar.

1. Auflage 2021

Karlstraße 40, 79104 Freiburg im Breisgau
www.lambertus.de, info@lambertus.de
Umschlaggestaltung: Nathalie Kupfermann, Bollschweil
Printed in Germany
ISBN 978-3-7841-3376-8
ISBN eBook 978-3-7841-3377-5

Inhaltsverzeichnis

To my best friend Ora,
whom I miss so much

Von diesem Tag an, es war im Jahr 1998, hatte ich wieder einen Grund, morgens aus dem Bett zu steigen. Mein Leben hatte wieder einen Sinn bekommen. Seitdem widme ich mich diesen Dialogbemühungen mit voller Überzeugung: Allen, die es hören oder nicht hören wollen, rufe ich laut entgegen: Dies ist nicht unser Schicksal! Das ist kein Schicksal, das wir passiv hinnehmen müssen! Unser Blut und das der Palästinenser hat dieselbe rote Farbe, unser Leid ist vergleichbar, und wir alle haben bittere Tränen. Wenn wir, die wir den höchsten Preis gezahlt haben, einen Dialog führen können, dann kann das auch jeder andere![1]

(Trauer verbindet:
Der Palästinenser Khaled Abu Awwad
und der Israeli Rami Elhanan
wurden Freunde im Verein verwaister Eltern)

---

1 Senfft (2009), S. 81.

Vorwort

„Setz dich hin und schreib!“, habe ich mir gedacht. Aber ganz so einfach ist es dann doch nicht. Seit über 30 Jahren habe ich das Privileg als Sozialarbeiterin Einblick in fremde Familien zu erhalten, mitzudenken, mitzutragen und mit den Familienangehörigen zusammen nach Wegen zu suchen, Probleme zu lösen. Ich erlebe dabei vieles, was ich in meinem Leben sonst nie angetroffen hätte. Das Vertrauen, welches mir dabei gegeben wird, macht mich betroffen und verpflichtet mich gleichzeitig. Ich lerne viel. Vielen Dank all jenen, die mich lernen liessen.

Nach der Matura in der Schweiz verbrachte ich die Jahre 1982–1988 in Israel und lernte dabei das Gefühl kennen, fremd zu sein. Während meines Bachelor-Studiums in Sozialarbeit an der Hebrew University in Jerusalem kam es zur ersten Intifada – ein einschneidendes Erlebnis. Auf dem Campus standen sich die national religiösen jüdischen Studenten und die politisch aktiven palästinensischen Studenten gegenüber. Ich stamme aus einem jüdisch religiösen Zuhause in der Schweiz, und so stellte ich mich mit den jüdischen Studenten auf. Plötzlich merkte ich, wie ich mich aber immer mehr auf die Seite der palästinensischen Studenten verschieben liess. Die Rufe von der einen Seite und die Rufe von der anderen Seite waren das Ausschlaggebende für mich in diesem emotional aufgeladenen Moment. Und plötzlich merkte ich, dass ich mitten in der palästinensischen Gruppe gelandet war. Ihre Slogans hatten mich zu ihnen gezogen. Dieses Erlebnis meines Seitenwechsels prägte meine Einstellung zum Leben seither: Jeder Mensch ist gleich viel wert – wo auch immer er lebt, was auch immer seine Hautfarbe, seine Religion, seine Herkunft, seine sexuelle Ausrichtung oder seine physische und psychische Verfassung ist. Prägend für mich war sodann die Mitarbeit im *Internationalen Zentrum für die Verbesserung des Lernpotenzials* (ICELP) in Jerusalem, dem Institut von Professor Reuven Feuerstein, einer Einrichtung für Menschen mit Beeinträchtigungen. Feuerstein nahm Menschen in seinen Programmen auf, die an anderen Orten auf Grund ihres auffälligen Verhaltens keinen Platz fanden. Ich arbeitete da mit Einzelfällen und in Gruppen.

Zurück in der Schweiz hatte ich die Gelegenheit im Rahmen von Projekten der Stadt Zürich zusammen mit Kolleginnen, das Konzept der „Sozialpädagogischen Familienarbeit“ auszuarbeiten und zu implementieren. Später war es mir vergönnt, dieses Angebot mit einem neuen Angebot der sog. „Familienergänzenden Sozialpädagogischen Tagesstruktur“ (FEST) zu erweitern. Damit konnten wir auf ein offensichtlich dringendes Bedürfnis von Kindern aus sozial schwachen und/oder minimal tragfähigen Elternhäusern reagieren.

Die Masterarbeit, mit der ich 1998 an der Hebrew University in Jerusalem mein Studium abschloss, basiert auf dem Aufbau, der Umsetzung und der Auswertung dieses Projektes der Stadt Zürich.

Seit 20 Jahren arbeite ich nun als Schulsozialarbeiterin in einem Primarschulhaus in Zürich in einem stark wachsenden Quartier mit einem Ausländeranteil von weit über dem städtischen 30 %-Durchschnitt. Dort leben viele Flüchtlingsfamilien aus Kriegsgebieten und Familien, die aus anderen Gründen in die Schweiz emigriert sind. Weitere Familien ohne Migrationshintergrund kommen ebenso dazu. Mit den Kindern all dieser Familien habe ich in meinem Schulhaus zu tun. Zu meiner multikulturellen Arbeit in Zürich kommt ein jährlicher Frauen-Workshop in Israel hinzu, den ich dort zu den Problemen eines gleichwertigen, demokratischen multikulturellen Zusammenlebens durchführe. In den 35 Jahren Sozialarbeit in der Schweiz und in Israel bin ich vielen Kindern und Eltern begegnet. Ich bin ein Stück Weges mit ihnen in ihrer Geschichte gegangen, dabei wurde sie zu meiner eigenen Geschichte.

Den Anstoss zum Schreiben dieses Buches gibt mir meine verstorbene Freundin Ora, die sich so sehr für mein Leben interessiert hat und mit der ich das Wesen des Dialogs gelernt habe. Wir stammen aus verschiedenen Welten. Ich, in der Schweiz aufgewachsen, Kind einer schweizerischen, jüdisch-orthodoxen Holocaust geprägten Familie und sie eine jüdische Israelin, deren Familie seit Generationen in der Gegend von Jerusalem ansässig war, lange bevor es den Staat Israel gab, vollständig säkular. Jede nahm sich die Zeit und hatte den Wunsch, die Welt der anderen kennenzulernen. Ich danke ihr für all die vielen unersetzlichen Momente.

Sehr viele Menschen haben mich bei diesem Buchprojekt unterstützt: Ursula Kägi hat mich während des Schreibens mit ihrer journalistischen Erfahrung tatkräftig begleitet. Eva Strübin hat die theoretischen Kapitel sorgfältig korrigiert.

Dank gebührt den Schulleiterinnen, die mit mir zusammengearbeitet haben. Ohne ihre grosszügige Bereitschaft, mich Möglichkeiten ausprobieren zu lassen, wäre es mir nie gelungen, ein so breites Angebot der Schulsozialarbeit zu entwickeln. Um die Anonymität der Schulleitung und meines Schulhauses zu wahren, nenne ich die Namen nicht. Meiner direkten Vorgesetzten der Sozialen Dienste Zürich, Karin Braun, danke ich für ihre stete Rückenstärkung.

Miriam Schlup, Direktorin Soziale Dienste Zürich und Thomas Bachofen, Fachressortleiter Kinder- und Jugendhilfe bei den Sozialen Diensten der Stadt Zürich, haben mir mit ihrem Interesse zur Publikation meines Textes weitergeholfen.

Ich möchte auf keinen Fall Oliver Sacks unerwähnt lassen, dessen Bücher mich inspiriert haben. Sie ermöglichten mir das Lernen anhand von unzähligen Fallbeispielen. In diesem Zusammenhang bedanke ich mich denn auch bei allen Familien, die meine Klienten waren und in diesem Buch meine Fallbeispiele sind.

Ich bedanke mich bei Anna Troyer Jelidi, Marianne Scheidegger Stöckli, Andrea Schindler, Timmy Meyers, bei den Lehrpersonen, dem Hortpersonal, den Beiständen und Beiständinnen und allen weiteren Menschen, ohne die ich meine Ideen nicht hätte umsetzen können. Und vor allem danke ich von ganzem Herzen Stefan, meinem Mann, der mir mit viel Geduld beistand, unzählige Gespräche über mein Manuskript mit mir führte und mir half, meine Grafiken zu gestalten. Meine wunderbaren Kinder Yonatan, Micha und Orna fieberten während des Schreibens des Buches mit, immer überzeugt, dass ich es schaffe.

Zürich, Frühjahr 2021, Yvonne Christoph-Wyler

1 Einführung

Ein Vierteljahrhundert Schulsozialarbeit in Zürich: Rahmenbedingungen

Schulsozialarbeit ist bereits ein Vierteljahrhundert ein Arbeitsgebiet der Sozialarbeit in Zürich und in der Schweiz überhaupt, zuerst als Pilotprojekt und später als reguläres Angebot. Das Pilotprojekt „Schulsozialarbeit" startete erstmals im August 1995 in drei Stadtkreisen der Stadt Zürich. Im Oktober 1999 wurde es bis 2002 verlängert. Im November 2002 wurde Schulsozialarbeit mit einer gesamtstädtischen Volksabstimmung in der Zürcher Volksschule regulär eingeführt, so dass in der Folge jedes dritte Schulhaus in der Stadt über eine Schulsozialarbeiterin oder einen Schulsozialarbeiter verfügte. Seit 2002 ist die Schulsozialarbeit in Zürich verankert und kein Pilotprojekt mehr. Nach und nach konnte sie auch auf mehr Schulhäuser ausgedehnt werden. 2002 waren erst vierhundert Stellenprozente genehmigt, 2012 erfolgte eine Erhöhung des Pensums, die 39 Vollzeitstellen entsprach und ab 2019 beschloss der Gemeinderat sogar eine Erhöhung auf 48 Vollzeitstellen. Dies ergibt ein Verhältnis von 690 Kindern pro 100 % Schulsozialarbeit. Dieser Anstieg zeichnet eine offensichtliche Erfolgsgeschichte für das neue Arbeitsgebiet der Sozialen Arbeit. Schulsozialarbeit ist der Bereich der heutigen Sozialarbeit, der am schnellsten wächst. Es ist geradezu ein Boom festzustellen. Die Schulsozialarbeit ist also ein vielversprechendes, effizientes Erfolgsmodell.

Das Angebot, der Arbeitsort direkt in der Schule, die Professionalität und das Arbeitsziel stimmen scheinbar bestens mit den Bedürfnissen der Schulen überein.

Im Protokoll des Zürcher Stadtrates vom 6. Oktober 1999 ist das Ziel der Schulsozialarbeit definiert:[2]
Schulsozialarbeit hat zum Ziel, durch den Einsatz von besonders für ihre Aufgabe qualifizierten SozialarbeiterInnen in Schulen und deren Umfeld Problemsituationen wie Aggression und Gewalt, Drogenkonsum, Integrationsschwierigkeiten von Kindern, Überforderungen von Lehrkräften und Eltern frühzeitig zu erkennen und entsprechend gezielt anzugehen, um allfällige Eskalationen zu verhindern. Schulsozialarbeit hat eine ausgesprochen präventive Ausrichtung.

Das damals gültige Konzept „Schulsozialarbeit" wurde gemeinsam von den Sozialen Diensten Zürich und dem Schul- und Sportdepartement der Stadt Zürich entwickelt und vom Steuerungsausschuss Schulsozialarbeit am 29. August 2003[3] verabschiedet. In diesem Konzept ist die Zielsetzung – die sogenannten Oberziele – der Schulsozialarbeit mit folgendem Wortlaut festgesetzt:

Ziel der Schulsozialarbeit ist es:

- sozialgefährdeten Kindern und Jugendlichen und ihren Eltern schnell und niederschwellig Unterstützung zu geben,
- dem Kindeswohl zuwiderlaufende Bedingungen in der Familie und der Wohnumgebung zu einem frühen Zeitpunkt zu erfassen und ihnen geeignete Massnahmen entgegenzusetzen (Prävention),
- Lernbedingungen der Schülerinnen und Schüler und der Klasse zu begünstigen,
- die Bedingungen des Unterrichtens für die Lehrperson zu verbessern und
- in den Schulen in Zusammenarbeit mit Behörde und Schulleitung zur Gewährleistung der Kinderrechte beizutragen (Früherkennung).

Schulsozialarbeit sollte also – so ist das Konzept zu verstehen – im Umfeld ihrer Klienten stattfinden und an den alltäglichen Lebensbedingungen wie Familie, Wohnumgebung, Lernbedingungen, Unterricht usw. der betroffenen Kinder arbeiten. Dies stellt eine „Face-to-Face"-Situation mit dem Klienten dar. Um ein solches Arbeitsfeld zu bewältigen, braucht es ein schulsozialarbeiterisches Schaffen mit Grundsätzen von Beziehungsarbeit, Ressourcen-, Prozess- und Systemorientierung, wie dies Matthias Drilling in seinem Buch „Schulsozialarbeit. Antworten auf veränderte Lebenswelten"[4] beschreibt.

---

2 Auszug aus dem Protokoll des Stadtrates von Zürich vom 6. Oktober 1999.
3 Soziale Dienste Zürich (2003) Schulsozialarbeit in der Stadt Zürich. Konzept.
4 Drilling (2001).

Bereits 1996 postulierte Dan Olweus[5] die Notwendigkeit einer Zusammenarbeit von Lehrkräften, Eltern und Schülern, um ein tragfähigeres Schulklima zu schaffen, damit Gewalt in der Schule vermindert, ja sogar verhindert werden könne. Zusätzlich ist bei ihm bereits deutlich zu erkennen, dass er auf eine „Aktivierung der Betroffenen" abzielte:

Es läuft also alles auf den Willen und das Engagement der Erwachsenen (Lehrpersonen, Eltern) hinaus, die es in der Hand haben zu entscheiden, wie viel Gewalt in unseren Schulen stattfinden darf.[6]

Ebenso erkannte Grossmann[7] bereits früh (1996), dass in einer Schule die Arbeit der Schulsozialarbeitenden am einzelnen Kind oder in einer kleinen Gruppe nur wenig Auswirkung zeigt, wenn nicht das gesamte Lebensumfeld des Kindes einbezogen wird. Daraus ergibt sich die Konsequenz, dass die Schulsozialarbeit allein nicht den gesamten Katalog möglicher Massnahmen im Umfeld der Kinder anbieten kann. Sie ist auf die Unterstützung aller Beteiligten angewiesen. 2002 stellte Landert[8] in seiner Evaluation der Schulsozialarbeit Stadt Zürich fest, „dass die Wirksamkeit der Schulsozialarbeit in Bezug auf den beruflichen Alltag der Lehrpersonen, das Schul- und kollegiale Klima, die Situation der betroffenen Schülerin/des betroffenen Schülers sowie im Quartier so augenfällig sind, dass der Projektstatus der Schulsozialarbeit aufgegeben werden kann". Damit plädierte er für die definitive Einführung.

So kam es, dass 2003 in der Stadt Zürich das erste Fachkonzept erarbeitet wurde. Die Schulsozialarbeit wurde in das Leistungsangebot der Jugend- und Familienhilfe aufgenommen. Das neue Kinder- und Jugendhilfegesetz des Kantons Zürich erlaubte dann noch einen weiteren Schritt der Verankerung der Schulsozialarbeit im Kanton. Seit dem 1. Januar 2012 sind die Gemeinden des Kantons Zürich sogar verpflichtet, ein bedarfsgerechtes Angebot an Schulsozialarbeit bereitzustellen und zu finanzieren. 2013 wurde in der Stadt Zürich ein weiteres, den neuen Umständen angepasstes, überarbeitetes Fachkonzept Schulsozialarbeit[9] genehmigt. Die Genehmigungsinstanzen setzten sich zusammen aus dem Steuerungsausschuss Schulsozialarbeit, der Konferenz der Schulpräsidentinnen und -präsidenten, der Geschäftsleitung Soziale Dienste, dem Vorsteher des Sozialdepartements, Martin Waser, und dem Vorsteher des Schul- und Sozialdepartements, Gerold Lauber. Die primäre Definition der Schulsozialarbeit wurde in eben diesem Fachkonzept, basierend auf einem Zitat von Matthias Drilling, zusammengefasst:

---

5 Olweus (1996), S. 122.
6 Ebd.
7 Grossmann (1996), S. 141.
8 Landert (2002).
9 Stadt Zürich, Soziale Dienste (2013).

„Die Schulsozialarbeit ist ein Handlungsfeld der Kinder- und Jugendhilfe, welches mit der Schule in formalisierter und institutionalisierter Form zusammenarbeitet. Die Schulsozialarbeit setzt sich zum Ziel, Kinder und Jugendliche im Prozess des Erwachsenwerdens zu begleiten, sie bei der Lebensbewältigung zu unterstützen und ihre Kompetenzen zu Lösung von persönlichen und/oder sozialen Problemen zu fördern.“[10]

Die Schulsozialarbeit soll sich also in den Schulbetrieb einordnen. Ihre Rolle ist dabei aber klar definiert.

„Die Schulsozialarbeitenden verfügen nicht über die Kompetenz, schulbetriebliche Anordnungen zu treffen, sie sind rein über Beratung und Mitwirkung im Schulteam tätig. ... Die Schulsozialarbeitenden wirken grundsätzlich im Schulteam mit, wobei die Teilnahme an den Sitzungen nach Absprache mit der Schulleitung und aufgrund der Verhandlungsgegenstände erfolgt.“[11]

Ebenso werden in diesem Fachkonzept der Stadt Zürich bereits die methodischen Grundsätze der zukünftigen Schulsozialarbeit angegeben:[12] Niederschwelligkeit, Freiwilligkeit, Neutralität, Schweigepflicht, Prävention, Ressourcenorientierung, Beziehungsaufbau, Systemorientierung und Triage.

Ein weiterer wichtiger Punkt, der nicht ausser Acht gelassen werden darf, ist die spezielle Arbeitssituation der Schulsozialarbeit in ihrer alltäglichen Umgebung, dem Schulhaus. Dies hat einen bedeutenden Einfluss auf die Haltung der Schulsozialarbeitenden. Ihre Arbeitsform ähnelt damit stark der Sozialpädagogischen Familienarbeit: Diese bietet eine tatkräftige, fachlich fundierte Unterstützung und Begleitung von Familien unmittelbar an deren Wohnort an. Dadurch können Familiensysteme und ihre Funktion für das Kind gestützt und das Kind damit gefördert werden. Von der empirischen Arbeit der Sozialpädagogischen Familienarbeit ist bekannt, dass Kinder mit psychosozialen Verhaltensstörungen und minimal tragfähigen Elternhäusern am effizientesten in ihren Störungen erreicht werden, wenn die Familie einbezogen wird und diese Familienarbeit in der gewohnten Umgebung des Kindes stattfindet[13]. Die Sozialpädagogische Familienarbeit geht von der Beobachtung aus, dass das Verhalten des Einzelnen im Kontext seines Umfeldes steht und davon beeinflusst wird. Das Individuum seinerseits beeinflusst wiederum das Umfeld. Da „B“ ein Teil des Kontextes von „A“ ist, beeinflusst „A“, was „B“ tut und umgekehrt.[14]

---

10 Drillling (2004) in Stadt Zürich, Soziale Dienste (2013).
11 Ebd. S. 22–23.
12 Ebd. S. 9–12.
13 Christoph-Wyler (1996), S. 5.
14 Berg (1992), S. 23.

Diese einfache Beobachtung führt zu einer veränderten Auffassung von „Problemen“. Was zuvor als Merkmal des Individuums galt, wird nunmehr als Teil eines Interaktionssystems angesehen. Die Familie wird die Einheit, auf die sich die Beobachtung und die Arbeit richtet: Nicht mehr der einzelne Mensch ist der „Fall“, sondern die Situation. Nach diesen Erkenntnissen wird es unmöglich, vom Scheitern der Person auszugehen. Es wird deutlich: In Wirklichkeit liegt das Scheitern daran, dass wir dazu neigen, hier diesen, dort jenen kleinen Fehler zu machen, was sich in der Addition häufen kann.[15] Hier hat eine Familie finanzielle Not, dort gibt es Erziehungsprobleme, da haben die Betroffenen überreagiert, dort wurde der Schutz des eigenen Selbstgefühls über die Kenntnisnahme des Misserfolges gestellt, da fehlt die nötige Erfahrung usw. Bei diesen kleinen Unzugänglichkeiten kann man ansetzen und versuchen, die Fehler bewusstzumachen und hier oder da etwas zu verändern. Aber einfach ist das nicht. Dieser Ansatz setzt voraus, dass ich von der Selbstständigkeit und Autonomie der Klienten ausgehe. Meines Erachtens gilt das gleiche Prinzip für ein Schulhaus. Das Verhalten des Einzelnen beeinflusst sein Umfeld und umgekehrt. Das Scheitern des Einzelnen gibt es weder in der Familie noch im Schulhaus! Daher geht es in der Schulsozialarbeit, genau wie in der Sozialpädagogischen Familienarbeit, nicht darum, als ersten Schritt den Menschen zu verändern, sondern seinen Sozialraum – das Schulhaus, die Familie und sein dazugehöriges Umfeld. Nur so bekommen die Menschen eine Chance, sich selbst zu verändern, um mehr Selbstständigkeit und Autonomie zu erhalten und damit mehr Würde. Dies gilt für Kinder, Eltern, Lehrpersonal und alle im Schulhaus involvierten Personen.

Meine fachlichen Grundlagen basieren auf Studien von Jona Rosenfeld, Chaim Omer, Mordechei Rotenberg und Reuven Feuerstein sowie dem Gedankengut des RSO-Ansatzes (Ressourcen- und Sozialraumorientiertes Handeln). Diesen verschiedenen Theorien sind der systemische Ansatz, das lösungsorientierte Handeln, die Beziehungsarbeit, das mit „dem gleichwertigen Klienten“ auf Augenhöhe im Dialog stehen, die Attachment-Theorie und das Reflektieren über sich selbst und seinen Sozialraum sowie die Erziehung zum selbstverantwortlichen, mündigen Menschen gemeinsam.

---

15 Dörner (1989), S. 279.

Während meiner langjährigen Arbeit habe ich mir eine lösungsorientierte Strategie erworben.[16] Ich gehe von dem Gedanken aus, dass Kindern der Wunsch angeboren ist, zu lernen, Fähigkeiten zu entwickeln, ihr Umfeld zu meistern und letztendlich erfolgreich an der Gesellschaft teilzuhaben und zu ihrem Wohlergehen beizutragen.

Auch bin ich überzeugt, dass alle Eltern grundsätzlich besorgt sind um das Wohlergehen ihrer Kinder und sie nur das Beste für sie wollen. Die Umsetzung dieses Anliegens ist jedoch von vielen Komponenten, inneren und äusseren, abhängig. Der Einsatz von Eltern ist immens, auch wenn es von aussen nicht immer danach aussieht. Jeder Elternteil muss an seinen eigenen Fähigkeiten gemessen werden. Überfordernde Situationen und eigene Not kann die Eltern in ein Verhalten leiten, dass äusserst kritisch ist für das Wohl ihrer Kinder – wie Vernachlässigung, Wegsehen bei Problemen bis zu Kindsmisshandlung. Aber dennoch muss ich, wenn ich eine konstruktive Beziehung zu den Eltern aufbauen möchte, bei meiner Arbeit primär davon ausgehen, dass die Eltern den inneren Wunsch, sogar den Drang haben, ihr Kind zu schützen und zu umsorgen, mit all ihren Fähigkeiten und Möglichkeiten.[17]

Ich muss, wenn ich meine Arbeit beginne, auch davon ausgehen, dass alle Betreuungspersonen der Kinder, ob professionelle wie Lehrerinnen und Lehrer, Betreuungspersonal in den Horten, im Kindergarten, Krippenleitende, Sozialarbeitende, Beiständinnen und Beistände oder ganz private wie Grosseltern, den Wunsch haben, positiv auf das Leben eines Kindes einzuwirken und seine Zukunft zum Guten zu beeinflussen. Jedes Misstrauen in dieser Hinsicht muss ich sehr genau begründen können, sonst laufe ich Gefahr, das Vertrauen aller zu verspielen.

---

16 Ein ergänzender Eindruck von meiner Arbeit kann im folgenden Dokumentar Film gewonnen werden: Dok Film (2009): „Achtung Kinder! Sprechstunde Schulsozialarbeit", Zürich, unter der Regie von Felix Karrer; https://bit.ly/2k6Jen4 (Abgerufen 14.5.21).

17 Siehe dazu: Beiderwieden/Windaus/Wolff (1986), S. 25–95.

2 Grundprinzipien der Schulsozialarbeit

Mit den Fallbeispielen versuche ich, die Vielfalt der Schulsozialarbeit zu zeigen. Hier ein Überblick der wichtigsten Punkte:

- Kinder mit psychosozialen Verhaltensstörungen (Lernblockaden, Lernverweigerungen, Verhaltensauffälligkeiten, grosser Aggressivität) und/oder depressiven Symptomen kommen oft aus minimal tragfähigen Elternhäusern. Diese Kinder sind am effizientesten zu unterstützen, wenn auch das Lebensfeld Familie und Schule einbezogen wird und die Unterstützung in der gewohnten Umgebung stattfindet.
- Vor diesem Hintergrund sind gravierende Veränderungen der Beziehungssituation (Trennung im Bereich Familie, Schule und Quartier etc.) möglichst zu vermeiden.
- In der Beziehung zwischen Kindern und Eltern herrscht ein Machtgefüge, welches in Familien mit minimal tragfähigen Elternhäusern oft gestört ist. Damit die Kinder nicht vernachlässigt werden und ihre Defizite sich nicht noch weiter vergrössern, müssen die Eltern ihre Autorität und ihre Verantwortung für die Kinder von Neuem wahrnehmen. Nur so können sie ihre Elternschaft wieder aufnehmen und ihrer Funktion als Eltern gerecht werden. Eine adäquate Elternschaft jedoch kann sich erst anbahnen, wenn die Störung der Familienhierarchie aufgehoben wird.
- Um diese Rollenumkehr anzugehen, ist es sinnvoll, eine partnerschaftliche Beziehung zu den Eltern aufzunehmen, um mit ihnen auf diese Weise Gegenseitigkeit und Wechselwirkung in einer Beziehung einzuüben (learning by doing). Diese Beziehungsgestaltung kann dann als Vorbild und Modell sowohl für die Eltern als auch für die Kinder dienen.
- Kommunikation und das gegenseitige Wahrnehmen der Bedürfnisse zwischen den Kindern untereinander, Eltern und Kindern sowie den Eltern untereinander erweisen sich in Problemfamilien meistens als sehr schwach oder ungenügend und müssen daher gefördert werden.

- Häufig zeigen sich auch ähnliche Probleme im Verhalten der Familienmitglieder im sozialen Umfeld. Daraus ergibt sich für die Schulsozialarbeit die Notwendigkeit einer weiteren Funktion, nämlich des Vermittelns. Durch gemeinsames Ausprobieren und bewusstes Sammeln von Erfahrungen und Hervorheben der Anliegen, um die Fähigkeiten, die Grenzen und die Bedürfnisse der anderen Seite wahrzunehmen, wirken wir Schulsozialarbeitende vermittelnd zwischen den einzelnen Familienmitgliedern und der Gesellschaft. Im gleichen Sinn braucht es auch die Vermittlung zwischen Eltern und Kindern.
- Zum Angehen der entsprechenden Störungen im individuellen kindlichen Bereich und im Bereich der Familien eignen sich neben flankierenden verbalen Interventionstechniken vor allem Arbeitstechniken, die entlastend, strukturierend und fördernd wirken. Von grosser Dringlichkeit sind Techniken, die sich über modellhaftes Lernen vermitteln lassen, den Eltern somit auch ein konkretes Vorbild für ihre Elternschaft bieten und den Kindern ein lebbares Modell für das zukünftige Leben in der Gesellschaft mit Freunden und Autoritäten.
- Die Herausforderung dieses Konzeptes besteht darin, sich sowohl als Schulsozialarbeitende wie als Eltern, Hortbetreuende oder Lehrperson auf die Individualität des Kindes einzustellen: sein Verhalten richtig zu erkennen, zu begreifen und im Umgang mit dem Kind das richtige Mass zu finden. Ebenso wird das Kind dabei gefördert und unterstützt, Neugier und Fähigkeiten zu entwickeln, damit es seine nahe Umwelt selber verstehen, die Bedürfnisse, der verschiedenen Parteien wahrnehmen und das passende Verhalten erlernen kann (Sozialisation im weitesten Sinn).
- Wir, die Erwachsenen, müssen unseren Kindern immer wieder von Neuem die Welt erklären. Dazu müssen wir sie selbst verstehen. Daher die Wichtigkeit der Elternarbeit.
- Um eine Begleitung durch die Schulsozialarbeit abschliessen zu können, muss das Steuer – die Eigenverantwortung – den Eltern und dem Kind zurückgegeben werden können. Hierfür muss den Eltern und dem Kind der eigene Handlungsbedarf klar verständlich sein. Die Überforderung durch die Situation muss aufgehoben und die verschiedenen Bedürfnisse den richtigen Stellen zugeordnet sein. Die Anforderungen müssen massgeschneidert an das Kind und seine Eltern angepasst sein, so dass sich beide Seiten in ihrem Alltag wieder selbstständig orientieren können.
- Motivation und Aktivitäten, um das Kind in seinem Alltag zu unterstützen und mit ihm immer wieder neue Lösungswege zu finden und umzusetzen, dabei mit der Schule im Austausch zu stehen – das alles gehört zur Elternrolle, solange das Kind am Heranwachsen ist.

3 Fallarbeit Ausgangslage

Als ich im Februar 2000 meine Arbeit aufnahm, wusste ich, dass vor mir bereits eine andere Schulsozialarbeiterin drei Jahre lang dort gearbeitet hatte. Das Ungleichgewicht zwischen „Lehrpersonen“ auf der einen und „Schulsozialarbeiterin“ auf der anderen Seite prägte zu Beginn der Schulsozialarbeit die soziale Situation im Schulhaus stark. Die unterschiedlichen Sichtweisen auf die Kinder und deren Probleme erzeugten grosse Spannungen zwischen dem Lehrpersonal und der Schulsozialarbeit. Als ich meine Stelle antrat, lag der Abschied der ersten Schulsozialarbeiterin bereits neun Monate zurück und das Lehrerteam hatte sich erneut und bewusst für die Einstellung einer neuen Schulsozialarbeiterin entschieden.

Zu Beginn ging es mir darum, den Bedarf jedes Einzelnen zu erforschen. Die Ausgangsfrage war: Worum geht es bei dieser Arbeit? Was wird von mir erwartet? Von den Lehrpersonen, den Kindern, den Eltern, dem Kindergarten, dem Hort. Das erste Mal in meinem Leben – ich hatte bereits 14 Jahre Berufserfahrung – traf ich neben all den gewohnten Klienten auch auf eine ganze Gruppe „gebildeter, fitter und initiativer“ Klienten, nämlich die Lehrerschaft. Bei einigen Lehrpersonen durfte ich während des Unterrichts in die Klasse sitzen, die Kinder kamen zu mir, erzählten mir von ihren Problemen und waren bereit, sich nach Streitereien bei anderen zu entschuldigen oder ihre Situation zu verändern. Auch die Eltern kamen zu mir, um zu plaudern oder Fragen zu stellen. Alle waren froh, dass „Yvonne“ da war. Und das genügte. Nach kurzer Zeit waren alle enthusiastisch bei der Sache: Jeder wollte seinen Teil am Ganzen beitragen. Ich war beruhigt wie noch nie zuvor bei meiner sozialarbeiterischen Tätigkeit: Jeder übernimmt einen Teil der Verantwortung, die Eltern wollen ihre Kinder um sich haben, die Lehrerschaft will die Klasse zusammenhalten, die Kinder wollen in ihrem vertrauten Schulhaus im Quartier bei ihren Freunden und in der Nähe von ihrem Zuhause bleiben. Mir war klar: Ich muss hier Bedingungen schaffen, die es diesen Menschen ermöglicht, ihre Angelegenheiten wieder ohne mich oder eine andere Schulsozialarbeiterin zu regeln. Hier sind genügend Ressourcen vorhanden. Es geht darum, Lebenswelten und Sozialräume zu verändern und nicht die Menschen selbst, wie Wolfgang Hinte, der das Konzept der Sozialraumorientierung entwickelte, schreibt.[18]

Ein Thema wiederholte sich immer wieder, sowohl bei den Kindern, der Lehrerschaft und den Eltern – seien es nun Schweizer oder Migranten: Es herrschte Orientierungslosigkeit. Damit fehlt auch die Sicherheit, sich im eigenen Alltag frei zu bewegen. Wenn sich jemand unsicher fühlt, meidet er den Kontakt zu anderen. Es entstehen Missverständnisse, da keine Kommunikation zwischen den Beteiligten stattfindet, wodurch die Wahrscheinlichkeit steigt, dass es zu Fehlinterpretationen kommt.

Hier zwei Fallbeispiele zur Verdeutlichung

Vermeintliches Desinteresse der Eltern

Eine Lehrperson kommt zu mir und beklagt sich über ein Kind. Es sei hochintelligent, aber es erledige die Aufgaben nicht, sei müde, habe keine der Jahreszeit entsprechende Kleidung usw. Die Eltern habe man auch noch nie gesehen, sie kämen zu keinem Elterngespräch, keinem Besuchsmorgen – nichts. Nun gibt es zwei Varianten:
Fall A) Die Mutter kontrolliert das Aufgabenheft des Kindes nicht und schaut nie in das Kontaktheft. Die Eltern interessieren sich scheinbar nicht für die Schule. Gleichzeitig haben sie die Frechheit und rufen die Lehrperson abends nach 22 Uhr oder am Sonntag an, um zu fragen wie es mit dem Kind in der Schule so laufe … Die Lehrperson fühlt sich gestört, sie weiss nicht, dass die Eltern zusammen rund 250 % arbeiten, damit sie einen kostendeckenden Lohn erarbeiten können. Die kinderreiche Familie sowie kranke, verwundete, arme Verwandte in ihrer Heimat sind auf ihr Geld angewiesen. Sie wollen nicht von der Fürsorge abhängig werden, damit weiterhin die Möglichkeit einer Aufenthaltsbewilligung besteht. Der Grund, dass die Eltern so viel arbeiten, liegt an den niedrigen Löhnen für ihre Arbeit. Sie gehören zu den sogenannten Working Poor. Sobald aber die Mutter etwas freie Zeit hat, z. B. abends, telefoniert sie mit der Lehrperson – nicht, weil sie die Lehrperson nicht achtet, sondern weil sie nur dann frei hat und sie sich eben doch für die Schulleistungen ihres Kindes interessiert. Sie versteht nicht, weshalb die Lehrperson immer so kurz angebunden, gar unfreundlich oder gehässig ist, und sie macht sich Sorgen, wie die Lehrperson sich wohl in

18 Hinte (2002), S. 12.

der Schule gegenüber den Kindern verhält. Sowohl die Mutter als auch die Lehrperson sind in dieser Situation besorgt über das gegenseitige Benehmen! Beide überfällt Ohnmacht. Was können sie nur dagegen tun?

Fall B) Die Eltern melden sich gar nie, sie interessieren sich scheinbar nicht für die Schule. Jede Woche kommt das Kind ohne sein Sport- oder Schwimmzeug, oder falls mal etwas Besonderes geplant ist und man zu einer speziellen Zeit in der Schule oder an einem anderen Ort sein muss, ist dieses Kind nicht da. Auch in diesen Fällen habe ich noch nie ein tatsächliches Desinteresse der Eltern erlebt. Vielmehr kann es sein, dass die Eltern sich beschämt an ihre eigene Schulzeit erinnern. Ihre eigenen Schulleistungen waren schwach oder sie fühlten sich unwohl in der Schule, wo sie viele Male Angst und Blosstellung wie z. B. Mobbing erlebt haben. Sie wollen sich vor ihrem eigenen Kind nicht blamieren und den eigenen Schmerz nicht nochmals erleben. Daher wird zuhause nicht über die Schule gesprochen, sondern mit dem Kind etwas anderes unternommen oder gesprochen oder es wird nebeneinanderher gelebt. Die Schule wird weit weggeschoben und die Eltern sind dankbar, wenn das eigene Kind die Schule weder erwähnt noch etwas dafür braucht. Das Kind, das nur diese Situation kennt, zieht daraus den verdrehten Schluss: Die Schule ist unwichtig – unwichtiger als all die anderen Dinge, über die man zuhause spricht. In der Schule versteht dann das betroffene Kind die Welt nicht mehr, wenn es dadurch zu Problemen kommt.

Orientierungslosigkeit und mangelnde Kommunikation aller Beteiligten

Die Klassen und die Lehrpersonen haben sich auf Sankt Nikolaus am 6. Dezember vorbereitet, gemalt, den Raum geschmückt, Verse auswendig gelernt, Kläuse engagiert. Für jedes Kind wurde ein Samichlaus-Sack vorbereitet. Aber am 6. Dezember fehlte etwa die Hälfte der Kinder. Alle sind ratlos, bis jemand entdeckt, dass dieses Jahr auch „Bei Ram", ein islamischer Feiertag ist, der es den muslimischen Kindern von Gesetzes wegen erlaubt, zuhause zu bleiben. Aber kein Erwachsener, weder Eltern noch Lehrpersonen, haben sich zuvor um dieses Datum gekümmert. Die Eltern haben es der Schule nicht mitgeteilt, da sie die Reaktion fürchten und die Kinder haben nicht darüber gesprochen, weil die Eltern es nicht tun. Viele der Lehrpersonen sind sehr verärgert, und die Kinder enttäuscht, weil sie sich auf den Nikolaus gefreut und jetzt alles verpasst haben. Die Eltern fühlen sich von ihren Kindern entfremdet und fragen sich, weshalb diese lieber das christliche Fest als ihr eigenes feiern möchten. Ich könnte hier zahlreiche ähnliche Situationen schildern. Es brauchte Zeit, bis ich in diesem neuen Arbeitsgebiet meine eigene Orientierungsfähigkeit wiederfinden konnte! Denn die Hauptverunsicherung liegt in der Desorientierung *aller* Betroffenen.

Zunächst ging es darum, Arbeitsbeziehungen aufzubauen, Verbindlichkeit zu beweisen und eine sachorientierte Zusammenarbeit vorzuschlagen und vorzuweisen. Dafür brauchte es die Arbeit auf drei Ebenen: fallspezifisch, fallübergreifend und fallunspezifisch. Als erstes kommt die Analyse der Situation. Die fallspezifische Arbeit brauche ich, um mit den Betroffenen ins Gespräch zu kommen und die Themen und den Willen der Menschen zu erkunden. Weiter braucht es die fallübergreifende Arbeit, in welcher die Phänomene, die sich ständig wiederholen, festgehalten werden. Hier lohnt es sich, auch Kontakt mit anderen Professionellen aufzunehmen und sich über häufig wiederholende Vorkommnisse auszutauschen. Und drittens lohnt es sich, sich fallunspezifisch über das Umfeld der Klienten zu informieren: Wie ist ihr sozialer Stand? Wo gibt es gute Treffpunkte in ihrem Umfeld? Wie erkennt man, wer dazugehört und wer nicht? Wie lauten die unausgesprochenen Gesetze dieser Gegend? Was macht den Klienten Spass?[19] Dieses Vorgehen ist entscheidend für die Analyse der Situation einzelner Klienten.

Ich wählte ein Vorgehen mit verschiedenen Ebenen, um möglichst viel über das Schulhaus zu erfahren. Ich wollte nicht die Menschen im Schulhaus verändern, sondern ihren sozialen Raum, der ein individuell gedeuteter Raum ist. Denn darin spielt sich der Alltag eines jeden ab, und nur, wenn er die Orientierung in seinem Sozialraum wiedererlangt, gewinnt der Mensch sein Selbstwertgefühl und sein Wohlbefinden zurück. Mit anderen Worten, der Mensch braucht nicht nur gute Bedingungen, sondern vor allem solche, die ihm entsprechen. Es braucht eine Übereinstimmung zwischen dem Menschen und seiner Umwelt, damit er seinen Alltag konstruktiv bewältigen kann.[20] Hier setzte ich mit meiner Arbeit an.

Unerlässlich war die vorausgehende Abklärung der individuellen Bedürfnisse, der Veränderungsbereitschaft und des Willens des Schulhauses als Ganzes. Die Lehrerschaft wollte besseren Kontakt zu den Eltern und arbeitete mit ihnen zusammen. Die Eltern wünschten sich, besser nachvollziehen zu können, was im Unterricht und im Schulhaus passiert. Erstaunlich war die grosse Veränderungsbereitschaft bei allen Beteiligten. In einem zweiten Schritt waren dann Kontrakte zu erstellen, in welchen die erwünschten Situationen beschrieben und die Ziele klar formuliert waren; um diese zu erreichen, mussten vorher Zuständigkeiten geklärt werden. Ich fand heraus, dass die grösste Hürde die Lücke im Kontakt zwischen dem Lehrpersonal und den Eltern war. Es lagen Welten zwischen der Kultur des Elternhauses und der des Schulhauses. Dies war das sich ständig wiederholende Thema. Jede Familie

19 Christoph-Wyler (2004), S. 6.
20 Chess/Thomas (1984).

hat ihre eigene Familienkultur und jedes Schulhaus oder Lehrperson hat seine eigene Schulhaus- und Klassenkultur, unabhängig von ethnisch-kulturellen Unterschieden. Der nahe Austausch zwischen den Lehrpersonen und dem Elternhaus und das gegenseitige Interesse füreinander sind das A und O für ein gutes Gelingen der Schulzeit der Kinder.

Meine Arbeitstechnik war eine Art Case Management. Nach der Vorabklärung erfolgte nochmals eine genauere Einschätzung von Lage und Bedarf. Es zeigte sich, dass es sich lohnt, diese Vorgehensweise auf allen drei Ebenen anzuwenden, für jeden Klienten, jede Klienten-Gruppe (Kinder, Lehrerschaft, Eltern) sowie für das ganze Schulhaus. Auf diese Weise war deutlich zu erkennen, dass, sobald man alle Beteiligten einbezieht, die Ressourcen im gesamten Schulhaus zahlreich sind. Nehmen wir als Beispiel die wichtige Ressource „Zeit". Sie ist beim Lehrpersonal und bei einigen Eltern rar und bei anderen Eltern im Übermass vorhanden. Arbeitssuchende Väter oder Mütter, die den Wiedereinstieg ins Berufsleben noch nicht geschafft haben, haben sehr viel davon und sind bereit, sich im Schulhaus einzusetzen, denn dies steigert ihr Selbstwertgefühl. Über materielle Ressourcen wie Räume oder elektronische Geräte und anderes mehr verfügt das Schulhaus in grossem Masse. Die sozialen Ressourcen – der Lehrerschaft und der Eltern – sind auch überwältigend: Jeder kennt irgendwen, der irgendetwas hervorragend beherrscht, sowohl im Quartier als auch ausserhalb. Ebenso ist es mit den institutionellen Ressourcen. Ressourcen waren wahrhaft nicht das Problem.

Der Stolperstein lag anderswo – nämlich in der Vernetzung. Die Lehrer haben eine mangelhafte bis keine Beziehung zum Sozialraum des Schulhauses und der Kontakt zwischen Eltern- und Schulhaus ist minimal und anstrengend. Die Eltern wissen sehr wenig über die heutigen im Kanton Zürich praktizierten Unterrichtsformen oder über das „Schulhausleben" ihrer Kinder. Für die Kinder eine verwirrende Situation, denn sie pendeln von einer Welt zur anderen und verstehen nicht mehr, welche Regeln gelten und worum es eigentlich geht. So beginnen sie, sich ihre eigenen Werte, Regeln und Lebensinhalte zusammenzustellen. Es braucht also Brücken zwischen diesen beiden Welten und Erwachsene, die die Kinder ein wenig auf diesen Brücken begleiten. Mein Auftrag war mir klar. Erfüllen konnte ich ihn nur durch einen besseren Austausch, durch Vertrauen und Zusammenarbeit von Eltern- und Schulhaus. Ich entschied mich für dieses Vorgehen, weil diese Menschen über Ideen, Fähigkeiten, Interesse, Motivation und Aktivitätsbereitschaft verfügen, die meine eigenen Möglichkeiten weit übertreffen und die als Ressourcen des Sozialraumes betrachtet und genutzt werden können. Was jetzt nötig war, war massgeschneidertes „Werkzeug", damit sie selbst passende Lösungen finden konnten.

Wie konnte ich erreichen, dass alle mitmachten? Lehrpersonen, Eltern, Mitarbeitende der Sozialzentren, Schulleitung und Kinder, die die Motivation und die Bereitschaft aufbrachten, sich neu zu orientieren, ihre Blockaden zu überwinden, so dass sie sich wieder besser in der Welt um sie herum zurechtfanden und von Neuem lernten, miteinander zu kommunizieren, transparent zu sein, sich gegenseitig zu vertrauen und den Einsatz des anderen zu wertschätzen? Das Ziel war, dass jeder wusste, was seine spezifische Aufgabe, seine Pflichten und seine Rechte waren und nur seine eigene Rolle in der Erziehung und der Begleitung des Kindes beim Heranwachsen wahrnehmen und erfüllen konnte. Nur wer sich selbst kennt mit seinen Fähigkeiten und mit seinen Grenzen kann mit anderen sinnvoll und lösungsorientiert kommunizieren und verstehen, wem welche Rolle zugeteilt werden kann. Dafür brauchte es einen langen Prozess, den alle gemeinsam, aber auch jeder Einzelne durchläuft.

3.1 Im Dialog mit dem Gegenüber

Wenn wir mit Kunden sprechen,
sind wir durchaus ihre Gäste
in ihren Wohnungen wie auch in ihren Geschichten
Jürgen Hargens[21]

Der Weg, den ich bei meiner Arbeit gehe mit meinen Klientinnen und Klienten, Kindern und Erwachsenen, führt über den Dialog. Dieser dient dazu, partnerschaftlich mit einem oder mehreren Klienten zu arbeiten. Der Dialog zwischen Gleichwertigen bedingt eine wertfreie Beziehung, möglichst ohne Hierarchie. Sie beruht auf Abmachungen, Akzeptanz, gegenseitiger Wertschätzung und Zuhören. Dies bedeutet Verzicht auf Autorität. Es beinhaltet die Offenheit und Bereitschaft, vom anderen zu lernen, ihm aktiv zuzuhören und das Interesse, den anderen in seiner Situation wahrzunehmen und schlussendlich auch zu lieben, so wie er ist.

„Im Anfang ist die Beziehung", wie Martin Buber in seinem Buch „Ich und Du"[22] schreibt, „der Mensch wird am Du zum Ich"[23]. Mit dieser Aussage vermittelt er, dass erst dadurch, dass das Ich sich einem Du zeigt und von diesem gesehen, gehört und wahrgenommen wird, es lebendig zu werden beginnt. Das Ich entsteht durch Beziehung. Die Begegnung mit dem Du gibt dem Ich Sinn und Leben. Um mit meinem Gegenüber in einen Dialog

21 Hargens (1992), S. 14.
22 Buber (1983), S. 25.
23 Ebd., S. 37.

treten zu können, brauche ich zuerst eine Begegnung und das Setting einer Beziehung. Weiter bedingt die Beziehung eine Gegenseitigkeit[24]. Das Ich übernimmt Verantwortung für das Du. Dadurch entsteht eine Zusammengehörigkeit. Und da das Ich Verantwortung für das Du übernimmt, gilt dies auch umgekehrt: Das Du trägt Verantwortung für das Ich. Dies verbindet und bildet eine Gemeinschaft. Wo ein Dialog stattfinden soll, braucht es das Setting einer Beziehung. Und schon befinden wir uns am ersten heiklen Punkt. Wie kommt ein Mensch in Beziehung zu einem anderen Menschen? Und wie viel komplizierter wird dieses Unterfangen, wenn es sich dabei nicht um zwei unbefangene Menschen handelt, sondern um zwei Personen, die sich in bestimmten Rollen gegenüberstehen? Nämlich eine professionelle Person und ein Klient. Für diese Rollen gibt es Muster, eine Hierarchie sowie positive und/oder negative Vorurteile. So ist das Setting der Beziehung, bevor es beginnt, bereits von Erwartungen und Vorurteilen belastet. Es kommt zudem nicht immer freiwillig zustande. Eventuell gibt es einen gefühlten Druck aus der Situation heraus oder einen ganz realen, institutionellen Druck von der Schule aus.

Der Klient – passender wäre eine Umschreibung wie der „Sich-an-mich-Wendende" – bestimmt meinen Ansatz. Ich als Sozialarbeiterin mache eine „Reise" in die Welt meines Klienten. Bei meiner Arbeit mit dem Klienten, der eine Einzelperson oder sogar eine ganze Familie sein kann, ist er der „Reiseführer". Die Idee ist, ihn an einen Ort in seiner Welt zu begleiten, den er selbst nicht erreichen kann, da seine eigene Antriebskraft zu schwach ist. Als Sozialarbeiterin bzw. Fachperson benutze ich meine eigenen Ressourcen und Fähigkeiten, meine professionelle Sichtweise, mein Wissen, meine Lebenserfahrungen und Möglichkeiten. Zusätzlich nutze ich die Ressourcen meiner Institution und der Umgebung, um daraus neue Möglichkeiten und Ressourcen zu kreieren, die dem Klienten angepasst sind. Dies bedeutet, dass der Prozess, der zwischen dem Klienten und mir abläuft, dem Rahmen der Möglichkeiten meines Klienten und mir angepasst ist. Das, was wir zusammen leisten, hat den Begriff „Arbeit" ernsthaft verdient. Es ist der Versuch, die beiden Welten einander anzunähern und daraus neue Möglichkeiten und Lösungswege entstehen zu lassen.

Wir – Sozialarbeitende, Fachpersonen – arbeiten in einer Verpflichtung dem Klienten gegenüber, ohne dass wir uns selbst dabei aufgeben, aufopfern oder verausgaben dürfen. Es ist ein Balanceakt und braucht unsere Bereitschaft, uns auf ein Treffen in seiner Welt einzulassen, ohne sich selbst irgendeiner Theorie gegenüber zu verpflichten. Ich muss am Anfang der Beziehung die

24 Ebd., S. 14.

Bereitschaft zeigen, meine eigenen Methoden und Strategien zurückzuhalten.[25] Die Problemlage des Ratsuchenden sollte als Hauptquelle für das Finden eines Ansatzes zur Lösung dienen. Um eine Zusammenarbeit entstehen zu lassen, braucht es unsere unbegrenzte Bereitwilligkeit, den gemeinsamen Weg zu begehen. Als Sozialarbeiterin habe ich professionelle Beziehungskompetenz, so begegne ich dem Klienten, der sich an mich wendet mit seinem Bedürfnis zur Veränderung oder seinem Druck von aussen, indem ich versuche, ihm und seiner Situation gewahr zu werden, ihn und seine Situation nachzuvollziehen. Ich achte auf die Einzelheiten, die in unseren Treffen geschehen und schätze ab, welche Möglichkeiten umsetzbar sind – oder eben nicht. Ich schaue auf seine Körpersprache, seine Wortwahl, seine Umgebung, sein Handeln. Ich versuche, die Lebenseinstellung, die Wertvorstellungen und Erfahrungen meines Klienten kennenzulernen und auf ihn zu hören. Ich lasse mich für diesen Moment des Kennenlernens ganz auf ihn ein.

An dieser Stelle des Prozesses in meiner Arbeit fallen mir immer wieder die wundervollen Bilder aus dem Film über Mary Poppins ein. Sie bemüht sich um die Kinder, die sie hüten soll. Sie ringt um deren Vertrauen. An einem Sonnentag spaziert sie mit den Kindern, die enttäuscht sind von den Erwachsenen, in den Park. Dort treffen sie auf den Strassenmaler, der die Kinder fasziniert. Seine riesigen farbigen Bilder machen einen grossen Eindruck auf sie. Sie fühlen sich von dieser Bilderbuchwelt angesprochen. Seine Welt würde ihnen gefallen, viel mehr als die ihres strengen und oft erschöpften Papas. Die Mutter ist von den Kindern überfordert. Sie ist mit anderen Sachen beschäftigt. Sie fühlen sich verlassen. Die Kinder wollen am liebsten in der heilen Welt dieser vielversprechenden Bilder weiterleben. Mary ist für's Erste damit einverstanden. Sie springt mit ihnen ins Bild hinein und lässt dort für eine Weile alles geschehen, was sich die Kinder ausdenken. Sie singen und tanzen gemeinsam, sie fahren auf einem Karussell und immer wieder gibt es noch was Schöneres zu tun. Erst nach einem wunderbaren Tag meldet sich Mary Poppins als „Kindermädchen", als das erwachsene Gewissen zurück, und fordert die Kinder auf, mit ihr nach Hause zu kommen. Sie springen zusammen wieder aus den Bildern in die Realität zurück. In ihren Liedern hält Mary Poppins aber das Liebgewonnene im Land der Bilder fest. Sie hat die Kinder verstanden. Die Kinder vor dem Sprung ins Bild und nach dem Sprung aus dem Bild sind nicht dieselben. Plötzlich wissen sie, was sie wollen. Und sie verfolgen ihr eigenes neugewonnenes Ziel mit ganzer

---

25 Rosenfeld, (1992). Rosenfeld, Jona Michael (geboren am 30. November 1922 in Karlsruhe) ist ein deutsch-israelischer Sozialpädagoge und Psychoanalytiker. Er war Professor an der *Paul Baerwald Schule für Sozialarbeit* der Hebräischen Universität Jerusalem und hatte eine Gastprofessur an der Alice Salomon Hochschule Berlin. Am Myers-JDC-Brookdale Institute begründete er das Programm *Lernen vom Erfolg*, das in der Folge internationale Beachtung und Anwendung fand.

Intensität. Sie wollen schöne Erlebnisse mit den Erwachsenen teilen, die mit Ihnen zusammen sind. Sie wollen deren Aufmerksamkeit und gemeinsame Zeit. Sie wollen Zeit von den Erwachsenen, ohne dass diese durch Stress und Verpflichtungen abgelenkt sind.

Auch bei einem partnerschaftlichen Miteinander in der Beziehung zum Klienten kann ich als Sozialarbeiterin nicht allein das Ziel bestimmen. Der Klient bestimmt das Ziel. „The clients are our masters"[26] lehrte mich Professor Jona Rosenfeld.

Ich als Professionelle begleite den Klienten auf seiner Reise. Sobald das Ziel erreicht ist, kann ich mit meiner Begleitung wieder aufhören. Ich kann mich verabschieden und weiterziehen. „When they can manage alone, I can go home."[27] Und so ist es auch bei Mary Poppins. Sobald die Kinder ihren Vater überzeugen können, wieder mehr Zeit mit ihnen zu verbringen und fröhliche Stunden gemeinsam zu verleben, verabschiedet sich Mary Poppins von der Familie. Der starke Wind kommt wieder und Mary wird zu den nächsten Kindern, die sie brauchen, geblasen.

Der Klient wendet sich an den Professionellen, da er in seiner eigenen Welt und Umwelt nicht mehr weiterkommt. Er sucht einen Menschen auf, mit dessen Hilfe er hofft, seinen eigenen Lebensweg neu zu gestalten. Der Professionelle wartet auf einen Menschen, der ihn aufsucht. Sein Beruf ist es, bereit zu sein zu einer ehrlichen Begegnung mit seinem Gegenüber. Damit diese Begegnung wirkungsvoll sein kann und nicht eine unechte oder gekünstelte Begegnung wird, ist es wichtig, dass beide Personen während der Begegnung authentisch und solidarisch mit sich selbst sein können und wollen.

Der Anfang einer jeden Beziehung braucht die Zeit des Beziehungsaufbaues, bis der gegenseitige Dialog beginnen kann. Beide Partner müssen sich aufeinander einlassen. Genauso passiert dies auch in einem Dialog zwischen dem Professionellen und dem Klienten, der eine Beziehung zwischen zwei Experten initiiert. Der eine bringt erlerntes Wissen mit, seine Expertise, der andere das Wissen über sich selbst, über seine Welt und seine unerreichbaren Wünsche. Der Wunsch nach Veränderung oder ein unaushaltbares Leiden muss beim Klienten vorhanden sein. Der Leidensdruck oder Veränderungswunsch ist der erste Anker für den Professionellen, um sich als Partner anzubieten. Wie entsteht also so ein Beziehungssetting? Es hilft, sich einen Tänzer (Klient) vorzustellen. Dieser Tänzer bewegt sich in einem bestimmten Takt

26 Ebd.
27 Ebd.

zu einem bestimmten Rhythmus in einem bestimmten Raum. Er möchte aber in seinem Tanz seinen Radius erweitern. Er möchte aus seinem Raum hinaustanzen können. Er möchte weitere, neue Bewegungen hinzufügen, die ihm helfen sollen, seinen Raum zu erweitern. Der Tänzer braucht dies, er erträgt es nicht mehr, in seinem engen Raum weiter zu tanzen, er fühlt sich festgefahren. Er bittet den Sozialarbeiter, mit ihm mitzutanzen. Der Sozialarbeiter ist der zweite Tänzer, der den Takt als Erstes übernehmen, sich in den Tanz des ersten Tänzers einpendeln muss. Er holt den ersten Tänzer in seinem Raum mit seinen eigenen Schritten ab. Er ist der professionelle Tänzer und kann daher die Schritte des ersten Tänzers lernen. Dies ist seine Expertise. Er beginnt damit, sich von selbst zuerst im vorgegebenen Raum zu bewegen, zu pendeln im Takt des ersten Tänzers. In dem Moment, in dem beide Tänzer im vorgegebenen Takt übereinstimmen und sich miteinander bewegen, wird die Bewegung verstärkt. Es kommt zum Augenblick einer Konvergenz[28], eine Art einer Übereinstimmung. Die Intensität des Zusammenschwingens in die vorgegebene Richtung nimmt zu. Der Ausschlag wird grösser. Durch die neu gewonnene Kraft ergeben sich neue Möglichkeiten, neue Schritte, neue Takte und neue Räume können gemeinsam erworben werden. Gemeinsam wird es einfacher, Neues zu wagen.

Die erste Absicht ist es also, eine Beziehung zu diesem gekränkten, blockierten Menschen in Not aufzubauen, um die damit gewonnene Konvergenz danach zu nutzen. Das Ziel ist es die erwünschte Veränderung des Klienten zu erreichen. In den in diesem Buch vorgestellten Fallgeschichten über die Schulsozialarbeit wird der Moment beschrieben, in dem die Konvergenz zwischen dem Klienten und der Schulsozialarbeit genug Tragfähigkeit erreicht hat, um die Änderungen mit dem Klienten gemeinsam anzugehen. Die Arbeit, die folgt, um das endgültige Ziel schliesslich zu erreichen, benötigt viel Training. Sie beruht auf Fleiss, Geduld und Aushalten-Können. Dazu braucht es das Verständnis und das Vertrauen, das in der Anfangsphase des Beziehungsaufbau gewonnen werden konnte. Auf diese Art können Ziele erreicht werden, die früher als unerreichbar eingeschätzt wurden. Lebenssituationen lassen sich verändern. An der im ersten Schritt erworbenen Beziehung und dem

---

28 Unter Konvergenz wird in der pädagogischen Psychologie ein Prozess verstanden, bei dem sich Mitglieder einer Lerngruppe einander annähern und einstellen, um miteinander und voneinander zu lernen. Diese Konvergenzen können bereits vorhanden sein oder erst während eines kooperativen Lernprozesses, bei dem zwei oder mehrere Menschen an einem Problem arbeiten, entstehen. Hierbei werden das individuelle und gemeinsame Lernen miteinander vernetzt. Im Sinne von Piaget befinden sich Teilnehmende einer Gruppe zu Beginn auf einem unterschiedlichen Wissensstand. Die Menge an gemeinsamen Wissen soll durch das Lösen und Interpretieren von Problemsituationen erhöht werden. „Konvergenz (Psychologie)". In: Wikipedia, Die freie Enzyklopädie. Bearbeitungsstand: 2. Oktober 2020, 23:53 UTC. URL: https://de.wikipedia.org/w/index.php?title=Konvergenz_(Psychologie)&oldid=204192926 (Abgerufen: 12. April 2021, 14:46 UTC).

Vertrauen muss stets weitergearbeitet werden. Eine solche Beziehung ist sorgfältig anzugehen. Es gibt viele Stolpersteine auf dem Weg. Spielregeln und gemeinsame Abmachungen können hilfreich sein.

Klient und Sozialarbeiter sind, vereinfacht ausgedrückt, zunächst zwei Menschen, die miteinander ein Ziel erreichen wollen. Der eine liess sich für diese Arbeit ausbilden. Er ist dafür ausgerüstet. Der andere ist unsicher. Er möchte etwas erreichen, aber hat Schwierigkeiten damit. Er hat es bereits früher allein versucht, aber es ist ihm nicht gelungen. Leider ergab sich aber aus all diesen Versuchen eine schreckliche Geschichte von Enttäuschungen und Verletzungen. Nun wendet sich der Klient an eine Fachperson, um Unterstützung zu beantragen. Diese anfänglichen Rollen – Helfer und Hilfesuchender – dürfen während der gemeinsamen Arbeit nie in Vergessenheit geraten. Das Problem dabei ist, dass es zwei gleichwertige Rollen sein sollen – eine Partnerschaft zwischen zwei gleichwertigen Experten – aber es besteht keine Gleichheit! Die Abhängigkeit ist unterschiedlich. Der Prozess findet im Leben des Klienten statt. Es geht um die Weiterentwicklung des Klienten. Es besteht ein nicht leicht durchschaubares Machtverhältnis, eine Hierarchie – auch wenn die Beziehung Gleichwertigkeit voraussetzt, beide sollen sich gleichwertig einbringen. Aber die verschiedenen Rollen in diesem Prozess dürfen nicht vergessen werden, speziell nicht vonseiten des Professionellen, ansonsten kann es verheerende Folgen haben. Vor allem bei der Schulsozialarbeit, die sehr nah am Alltag des Klienten und in seinem Umfeld stattfindet. So trifft man sich jederzeit informell auf dem Pausenplatz und an Schulanlässen und dennoch müssen die Rollen aufrechterhalten bleiben. Schnell ist man beim Macht- oder Vertrauensmissbrauch. Das ist Verrat, ein Bruch der Spielregeln.

Um den Dialog zu eröffnen, tritt der Professionelle in die Welt des anderen. Er darf dabei aber nicht sich selbst verlieren. Er möchte den anderen ja weiterbringen. Hier beginnen die Stolpersteine. Der Prozess wird nämlich unweigerlich Konfrontationen erzeugen. *Unweigerlich*, da eine „Fremdheit" zwischen den beiden Welten besteht. Um diese Fremdheit auszuhalten, muss bereits eine tragfähige Beziehung vorhanden sein. Sie muss so intensiv sein, dass der Klient überzeugt ist, er kann zu dieser fremden, professionellen Person Vertrauen fassen. Im Klienten muss die Hoffnung entstehen, diese Beziehung könnte seine Rettung sein. Die oben erwähnte Fremdheit ist nichts Neues für den Klienten. Er verspürt diese häufig in seinen Begegnungen mit anderen. Nun aber, wenn die professionelle Person in die Welt des Klienten eintaucht, mit ihren Erfahrungen und Fähigkeiten aus ihrer eigenen Welt, spürt sie selbst auch Fremdheit. Daher wird das Erlebnis der Fremdheit zu einer gegenseitigen, durchdringenden Realität. Nicht nur der Klient hat unbeantwortete Fragen an seine Sozialarbeiterin, sondern auch diese fühlt das gleiche Problem. Es ist ein unangenehmer und anstrengender Moment in der gemeinsamen Partnerschaft. Dieser Moment des Aushaltens ist fragil. Wenn der Professionelle zu sehr drängt oder zu grosse Schritte vom Klienten will, besteht die Gefahr, dass der Klient sich zurückzieht. (Ausserdem ist das Prinzip, Hilfe anzunehmen in verschiedenen Kulturen an unterschiedliche „Rituale" gebunden.)

Beide Seiten haben bereits viel Aufwand betrieben. Aber die Veränderung ist noch nicht sichtbar. Dafür drängt sich die „Fremdheit" als intensives Gefühl auf. Der Dialog droht in diesen Momenten oft abzubrechen. Aushalten ist jetzt notwendig und stellt die Beziehung auf die Probe. Das Gefühl der „Fremdheit" ist immer wieder Bestandteil einer Beziehung, erst recht zwischen Fachperson und Klient. Das Ausmass ist variabel. Aus diesem Vorwissen stellt sich für mich in meiner Sozialarbeit nun die Frage, wie mache ich mir genau diese „Fremdheit", die oft zu Beziehungsabbruch oder Enttäuschungen führt, zunutze. Die Dissonanz, die zwischen zwei Menschen besteht, kann nämlich auch Raum und Platz für neue Möglichkeiten schaffen. Ich hatte schon Hunderte von Klienten und dennoch muss ich mich jedem neuen Klienten wieder von Neuem annähern. Das ist von zentraler Wichtigkeit, denn jede Beziehung ist einmalig. Im Moment, in dem ich denke: „Ah ja, das hatte ich schon, das ist doch wie damals bei Klient X", ist der Dialog mit diesem spezifischen Menschen, der vor mir steht, verloren. Jede Beziehung zu meinem neuen Gegenüber – Klienten – braucht die Einmaligkeit und die Neugier darauf, um bestehen zu können.

Mein Weg zum Klienten ist das gemeinsame Lernen über den gemeinsamen Dialog, wobei wir gleichwertige Partner sind. Dies unterscheidet sich deutlich von den Beziehungen, die wir aus den Settings Schule und Betreuung kennen. Dort steht vorwiegend die Haltung der Pädagogik im Zentrum. Auch Lehrpersonen und Mitarbeiter der Betreuung haben Beziehungen zu Kindern und Eltern, jedoch basieren diese oft auf der Haltung „Ich weiss, wie etwas geht und du lernst von mir" – es geht um Erziehung. Diese Haltung ist für Schulzimmer und Hort angemessen, aber in meinem Büro hat diese Haltung nichts zu suchen. Dies führt verständlicherweise auch oft zu Verwirrungen und Konflikten in der Zusammenarbeit von Schulsozialarbeit und Schule. Ich versuche, meinen Klienten als Ganzes wahrzunehmen, seine Worte, sein Verhalten, seine Körpersprache, seine Stimme, seine Blicke etc. Ich bemühe mich, ihn kennenzulernen und herauszufinden, wie ich mich ihm am besten verständlich machen kann, damit ich es schaffe, ihn zu begleiten. Ich versuche mich ihm anzunähern. Zu oft wird zu schnell „gedeutet" und „interpretiert". An Stelle dessen ist es notwendig, ihn zu beobachten, ihn wahrzunehmen mit allen Sinnen und ihm zuzuhören. Ich muss ihn reden lassen. Welchen Platz weist er mir zu? Ich erkläre ihm von Anfang an, dass ich keine fertigen Rezepte habe. Wir müssen die passenden Lösungen der Probleme gemeinsam erarbeiten. Um mit dem Klienten in eine gemeinsame Arbeitshaltung zu kommen, muss ich mir die Mühe machen, herauszufinden wie und wo ich den Klienten erreichen kann. Es muss etwas sein, was für den Klienten angenehm ist, so dass er noch mehr davon möchte. Wichtig ist, dabei im Kopf zu behalten, dass der Klient in Not ist und nicht ich. Weiter habe ich oft in Beziehungen erfahren, wie bedeutend es ist, dass beide Seiten „geben“ und „nehmen“. Jeder Mensch hat das Bedürfnis, gebraucht zu werden, niemand will immer nur von anderen annehmen. Um zum Bild der Tänzer zurückzukehren: Wir nutzen den gemeinsamen Schwung. Nicht ich als Expertin zeige ihm einen neuen Tanzschritt, sondern eingeflochten in seinen Tanz nutzen wir gemeinsam den Schwung zweier gemeinsam tanzender Körper. Bei einer „Partnerschaft“, in einer gleichwertigen Beziehung, ist es zudem notwendig, die ganze Zeit Fragen zu stellen. Fremdheit stört beim Wunsch nach Nähe und nur die Fragen können helfen, den fremden Teil zu verstehen und die Fremdheit ansatzweise zu überwinden.

Eine weitere bedeutende Eigenschaft einer solchen Beziehung zwischen zwei oder mehreren verschiedenen, aber gleichwertigen Partnern ist, dass einerseits ein gewisser Spielraum besteht, andererseits feste Grenzen vorhanden sind. Beide Partner haben ihre eigenen Grenzen, die sie offen dem anderen mitteilen können. Jeder der beiden Partner kann die Grenzen nach seinem eigenen Gutdünken festlegen und wieder verändern. Aber die Grenzen müssen gegenseitig akzeptiert werden. Auf diese Weise erhalten die Grenzen ihre Legitimation. Diese Grenzen haben als Gegenstück das Spielfeld bzw. die „Tanzfläche“. Auch diese kann sich während des Dialogs, während des gemeinsamen Tanzes, immer wieder verändern, erweitern oder verengen. Auf dieser Tanzfläche darf jeder Tänzer so sein, wie er ist, er darf sich authentisch, aber Voraussetzung ist (!), in seiner vereinbarten Rolle verhalten.

Überaus wichtig ist dabei, sich immer bewusst zu sein, dass eine solch intensive Beziehung fordert, dass die vereinbarten Spielregeln eingehalten werden. Ich sage dem anderen alles, was ich über ihn weiss und ich nutze die Ignoranz des anderen nicht aus. Ebenso wichtig ist, dass ich immer das Beste für den anderen möchte. Er ist ein Mensch, dem ich mit Respekt und Wertschätzung begegne. Diese Vereinbarungen sind auf gegenseitigem Vertrauen aufgebaut.

Die gemeinsame Reflexion über die eigenen Ressourcen, Wünsche, Willen und guten Erfahrungen baut Gegenseitigkeit auf. Dennoch bleibt es keine gleichseitige Partnerschaft. Als Sozialarbeiterin halte ich mich in dieser

Beziehung zwar im Leben des Klienten auf, aber der Klient hält sich nicht in meinem Leben auf. Das Privatleben des Professionellen befindet sich ausserhalb. Der Professionelle zeigt sich nur in seiner professionellen Welt. Sobald der Professionelle versucht, in der Fachperson-Klienten-Beziehung auch persönliche Bedürfnisse zu befriedigen, ist die Arbeitsgrundlage zerstört Die Ziele verschieben sich, die ursprüngliche Hilfe kann nicht mehr geleistet werden. Das Miterleben der Welt des Klienten ist somit Gefahr und Gewinn zugleich. Im Moment, wo zwei verschiedene Welten aufeinanderstossen, können sich neue Möglichkeiten ergeben. Wo neue Möglichkeiten entstehen, ergibt sich die erwünschte Wahlmöglichkeit. Nachdem man sich bewusst wird, dass es diese Wahl gibt, werden Entscheidungen notwendig. Wer fähig wird, zu entscheiden, übernimmt auch Verantwortung. Das Altbekannte zu verlassen ist allerdings ein schwerer Schritt.

Wird die Wahl getroffen, ist es unabdingbar, dass das Ergebnis dieser Wahl von beiden Seiten anerkannt und mitgetragen wird. Die beidseitige Beziehung bringt es für jene Seite, die den Entscheid nicht gefällt hat, aber nun mittragen muss, mit sich, das Wagnis auf sich zu nehmen, dass der Entscheid eines anderen auch richtig sein kann! Dieser Entscheid hat ja Folgen. Es bleibt nicht nur beim Besprechen, es geht um die Auswirkungen im Alltag, die einen selbst und andere Personen betreffen. Somit entsteht in dieser Fachperson-Klienten-Beziehung eine starke Solidarität gegen die Außenwelt. Schulsozialarbeiterin und Klient sind für diesen einen Moment verbündet.

3.2 Intervention: Vom Chaos in die Orientierung und weiter ...

Nachdem ich nun bereits mehr als 20 Jahre in der Schulsozialarbeit mit Familien arbeite, stelle ich fest, dass es Abläufe gibt, die sich in den meisten Fällen wiederholen. Es gibt bestimmte feste Muster. Die ausschlaggebende Frage, die sich mir jeweils stellt, ist: „Wo stehen wir, der Klient und ich, in unserer Beziehung?“

Interventionsablauftreppe

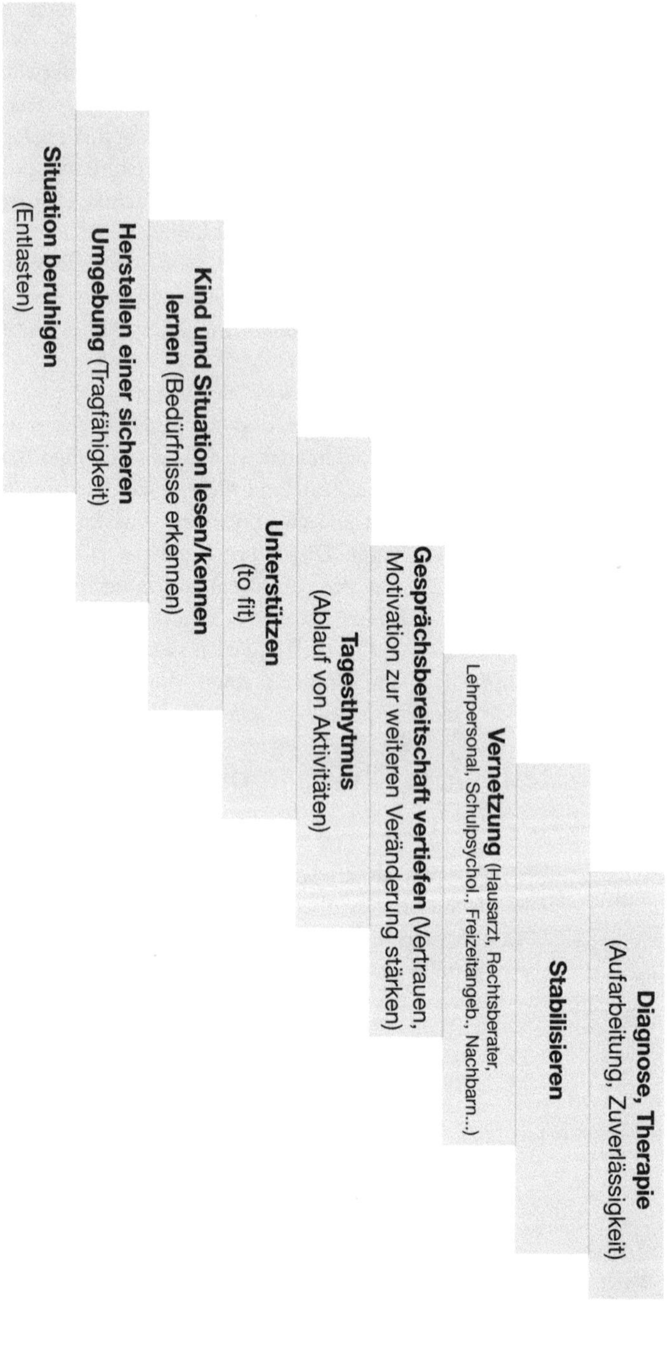

Situation beruhigen
(Entlasten)

Herstellen einer sicheren Umgebung (Tragfähigkeit)

Kind und Situation lesen/kennen lernen (Bedürfnisse erkennen)

Unterstützen
(to fit)

Tagesthytmus
(Ablauf von Aktivitäten)

Gesprächsbereitschaft vertiefen (Vertrauen, Motivation zur weiteren Veränderung stärken)

Vernetzung (Hausarzt, Rechtsberater, Lehrpersonal, Schulpsychol., Freizeitangeb., Nachbarn...)

Stabilisieren

Diagnose, Therapie
(Aufarbeitung, Zuverlässigkeit)

3.2.1 Der Anfang

Wenn ein Kind bei mir im Büro landet, ist die Aufregung darüber in seinem Umfeld meist so gross, dass das Kind mit seiner Persönlichkeit schwer zu erkennen ist. Viele Leute wollen irgendwas von ihm und machen sich Sorgen. Auch ist es schwer, das eigentliche Problem zu erkennen. Das Kind reagiert auf die Aufregung mit ungewöhnlichem Verhalten, z.B. Unruhe, Schweigen, Rückzug, Verhaltensauffälligkeiten und Stress; seine Seele und sein Körper sind durch das Geschehen überfordert. Das Umfeld reagiert auf diese Auffälligkeiten zumeist ebenfalls überfordert und verliert dabei die Ruhe, die notwendig ist, um das Kind in seinem Schock, seiner Überforderung zu unterstützen. Zu schnell wird meines Erachtens eine Diagnose gefällt, statt dem Kind Zeit und Ruhe zu geben, sich wiederzufinden und zu orientieren. Stattdessen sollte die überfordernde Situation analysiert und umgestaltet werden, so dass es gar nicht erst dazu kommt. Oft erlebe ich sogar, dass in schwierigen Situationen weitere Erwachsene involviert werden, die versuchen, das Fehlverhalten des Kindes zu analysieren. Der Gedanke, dem Kind könnte alles zu viel, zu fremd sein, wird meist ausser Acht gelassen. Je mehr Experten hinzugezogen werden, umso schwieriger beruhigt sich die Situation und damit das Kind. Der Grund für das beschriebene Handeln ist, dass die Hoffnung besteht, dass eine Diagnose den Umgang mit dem Kind vereinfacht. Sobald wir wissen, woran es leidet, suchen wir die richtige Medizin oder Therapie. Die grösste Bürde scheint also das Aushalten des Ist-Zustands zu sein.

Leider ist es nicht so einfach, eine richtige Diagnose zu stellen. Viele Krankheitsbilder gleichen sich, Verwahrlosung kann sich z.B. ähnlich äussern wie ADHS oder eine Depression. Deshalb schlage ich vor, zu Beginn die überfordernde Situation zu analysieren. Im Laufe der Jahre habe ich eine *Interventionsablauftreppe* entworfen. Bewusst oder unbewusst gehe ich sie Schritt für Schritt bei jedem neuen Klienten durch, so dass mir möglichst wenig Fehler unterlaufen und ich meinen Klienten, meistens Kinder, die sich verbal noch nicht so gut ausdrücken können, gerecht werde und sie nicht zu schnell einer Schublade zuordne. Der Druck von aussen – von den Lehrpersonen, den Hortmitarbeitenden, den Eltern und anderen Professionellen – nach schnellen Lösungen, ist immens. Das Kind aber möchte am liebsten in seinem jetzigen Verhalten verharren. Es kennt keine anderen Möglichkeiten. Es ist zu unerfahren, so dass es sich nicht vorstellen kann, es könnte auch angenehmer und fröhlicher gehen, das Leben zu meistern. Diese Situation ist für die beteiligten Erwachsenen schwer auszuhalten. Damit man nicht zu schnellen Entscheidungen gedrängt wird, die man später möglicherweise bereut, ist es sinnvoll, ein Modell oder Raster im Kopf zu haben.

3.2.2 Situation beruhigen

Meine erste Funktion besteht darin, die *Situation zu beruhigen.* Ich versuche, die Betroffenen zu entlasten, indem ich den Eltern, Lehrpersonen, dem Hortpersonal und dem Kind selbst Entlastungsmöglichkeiten anbiete. Manchmal hilft es schon, den Beteiligten zuzuhören oder eine Auszeit zu gewähren. Ich versuche, Optionen zu schaffen. Es ist wichtig, dass der Klient und seine Angehörigen merken, dass ihre aktuelle Lebenssituation *gewählt* ist. Es gibt auch noch andere Varianten (Elif Shafak)[29]. Es gilt, in diesem ersten Teil meiner Zusammenarbeit mit dem Klienten und seiner Familie zusammen eine Auswahl an Varianten zusammenzustellen. So kann der Klient, können die Familienangehörigen, je nach Alter des Kindes, eine Lösung wählen. Bei diesem Schritt werden wir zu Partnern. Mit ihrer Wahl übernehmen sie Verantwortung, werden zu Akteuren. Dies beruhigt die Situation. Sobald das Gefühl des Ausgeliefertseins oder der Ohnmacht weicht, wirkt dies wie ein Ventil für den gesammelten Ärger, reduziert den Stress oder wandelt diesen zumindest um in den (positiven) Stress der Verantwortung.

Die Kinder, die zu mir geschickt werden als Klienten, zeigen natürlich am Anfang der Behandlung bestimmte Symptome oder Auffälligkeiten, aus denen schnell Rückschlüsse gezogen werden könnten. Aber da halte ich mich lieber zurück. Häufig habe ich erlebt, dass unterschiedliche soziale Umstände ähnliche Symptome bewirken, so wie geläufige Krankheitsbilder verschiedene Ursachen haben können. Also entscheide ich mich lieber dafür, die Situation an sich zu analysieren und interessiere mich für die Umstände. Ich möchte verstehen, was wie zustande gekommen ist und was sich wie auswirkt, auf das Kind, die Klasse, die Lehrperson, die Eltern oder den Hort. Indem ich versuche, die Umstände zu verändern, sind die Chancen, dass das auffällige Verhalten sich dann ebenfalls ändert, meiner Erfahrung nach überraschend gross. Die Bereitschaft, die Situation und nicht sich selbst zu verändern, ist viel einfacher zu erlangen. Zu begreifen, die problematische Situation ist kein Schicksal, das wir passiv hinnehmen müssen. Im Dialog, im gemeinsamen Austauschen und Überdenken können wir die Umstände ändern.

Tatsächlich bestätigt mein beruflicher Alltag: Meine Partner, mit denen zusammen ich versuche, die Situation eines Kindes zu beruhigen, sind zu unglaublichen Umstellungen ihres Lebens bereit. Sobald sie in unseren Gesprächen durch die Ausarbeitung der Wahlmöglichkeiten einen Sinn finden, sind sie bereit, zu handeln und einen hohen Einsatz zu riskieren, damit es ihrem Kind wieder bessergeht. Der Dialog, das Austauschen zwischen Partnern ermöglicht ihnen neue Sichtweisen. Durch das Vertrauen schöpfen sie Mut. Und sie

29 Shafak (2017), S. 266.

nehmen das Wagnis auf sich, etwas in ihrem Alltag zu ändern. Zuerst wenig und vorsichtig. Aber mutig und Schritt für Schritt. Ich habe erlebt, dass Mütter ihre Arbeitszeiten verschieben, um das Kind in kritischen Momenten im Tagesablauf unterstützen zu können. Oder Eltern, die ihr Kind während eines Jahres in der Schule vormittags für ein, zwei Stunden begleiten, um ihm Sicherheit zu geben in dieser ihm scheinbar so fremden Umgebung. Lehrpersonen, die andere Gruppenkombinationen ausprobieren, die die Sitzordnung ändern oder die bereit sind, sich täglich am Schluss des Tages bewusst zwei, drei Minuten mit einem Schüler zu unterhalten. Kinder, die in der Pause nicht allein gelassen werden und viele Varianten mehr.

Dennoch muss dieser Schritt behutsam unternommen werden, mit Geduld, wie von Mark Twain beschrieben: Alte, schlechte Gewohnheiten solle man nicht zum Fenster hinauswerfen, sondern Stufe für Stufe die Treppe hinuntertragen, wenn man sie wirklich loswerden will.[30] Dieses Aktivwerden beruhigt eine Situation ausserordentlich. Die grosse Sorge, die gerade alle noch erdrückt hat, kann so weichen. Sobald der Mensch sich nicht mehr blockiert fühlt und wieder Ideen, Kraft und einen Plan hat, etwas zu unternehmen, fühlt er sich meiner Erfahrung nach wohler und kann sich entspannen.

3.2.3 Herstellen einer sicheren Umgebung

Eine sichere Umgebung für das Kind bedeutet eine Umgebung, die das Kind nicht überfordert, nicht unterfordert, nicht ängstigt, die das Kind anregt, es aufhorchen lässt, ohne dass es dabei verletzt wird. Eine Umgebung, in der das Kind es wagt, sich zu öffnen und Vertrauen zu schöpfen. So wird es dem Kind möglich, Beziehungen aufzunehmen. Am liebsten zu seinen ersten Bezugspersonen, den Eltern. Manchmal muss ich mich da auch für ein Weilchen dazwischenschieben. Ähnlich wie eine Brücke, damit beide Seiten, Eltern und Kind, lernen können, wie Vertrauen und später eine Beziehung entstehen können. In dieser Phase zeigt das Kind häufig neue Fähigkeiten. Plötzlich beruhigt sich die Situation und Dinge, die vorher noch nicht möglich waren, beginnen sich einzuspielen, die Auffälligkeit des Kindes nimmt stark ab oder verschwindet ganz. Möglich ist auch, dass ganz andere Bedürfnisse oder Defizite des Kindes zum Vorschein kommen. Aber bei all meinen Klienten hat dieser Abschnitt in der Beziehung neue Umstände geschaffen, die einen erneuten Blick auf die Situation ermöglichten. Es gibt sogar Fälle, die bereits nach diesem Schritt abgeschlossen werden konnten.

---

30 Mark Twain (1835–1910), amerikanischer Schriftsteller.

Diese Phase kann erreicht werden, indem ich versuche, die Tragfähigkeit aller Beteiligten zu stärken. Dies bedeutet einen ständigen Kontakt zu den Eltern, Lehrpersonen, Hort und, falls vorhanden, der Beiständin. Dabei ist es zentral, herauszufinden, was jede dieser Personen bereit ist, für das Kind und die Beruhigung der Situation zu tun und inwieweit diese Person auch fähig ist, dies über einen längeren Zeitabschnitt durchzuhalten. Dieser Teil ist ein sehr langwieriger und schwieriger Teil der Arbeit mit den Eltern und Kindern. Auch wenn die Kinder noch sehr jung sind, zwischen vier und zwölf Jahren alt, haben sie schon viele Erfahrungen gemacht, die den Kindern oder den Eltern nicht unbedingt bewusst sind. Diese haben Spuren im Kind, in seiner Haltung, seinem Mut der Welt gegenüber, seiner Gesundheit hinterlassen, auch in seiner Einstellung fremden Menschen gegenüber und seiner Offenheit gegenüber dem Lernen. Und mehr noch gilt dies für die Eltern. Sie haben eine lange Geschichte hinter sich. Sie waren selbst mal Kinder. Was haben sie wohl alles erlebt? Was geben sie bewusst und unbewusst an ihre Kinder weiter? Welche Ereignisse ihres eigenen Lebens haben sie nicht verarbeitet? Was prägt ihr Elternsein? Und was wollen sie bewusst von ihrem Kind? Sehen sie ihr Kind wie es ist, oder muss es für sie Wünsche erfüllen, die es nicht kann, da es die Wünsche der Eltern sind?

Ich arbeite in einem Schulhaus. Da gibt es noch viel mehr erwachsene Personen, die für das Leben und das Wohlbefinden eines Kindes sehr relevant sind. Die Lehrpersonen, die Hortmitarbeitenden, allenfalls die Beistände und auch ich, die Schulsozialarbeiterin, wir alle haben unsere eigenen Leben und haben auch schon viel erlebt. All dies hat Einfluss auf unsere Wahrnehmung eines bestimmten Kindes. Jeder von uns Erwachsenen, die das Kind umgeben, ist geprägt durch sein eigenes Leben und seine eigenen Erfahrungen, dies bestimmt, wie wir das Kind wahrnehmen und sein Verhalten interpretieren. Diese von uns Erwachsenen, je nach Mensch, stark geprägte Wahrnehmung, kreiert wiederum einen Umstand für das spezifische Kind, welches im Moment vor uns steht. Unsere Wahrnehmung eines Kindes beeinflusst unser Verhalten diesem Kind gegenüber. Und wie oben erwähnt beeinflusst dieses Verhalten des Erwachsenen das Umfeld des erwähnten Kindes. Da dieser Erwachsene ein Teil des Kontextes dieses Kindes ist, beeinflusst dieser Erwachsene mit seiner Einschätzung des Kindes den Kontext des Kindes und umgekehrt. Jeder erlebt die Situation mit dem Kind auf eine andere Art und reagiert so unterschiedlich auf sein Verhalten. Unsere Verhaltensmuster und unsere Gewohnheit Umstände zu analysieren sind stark fixiert und es braucht viel Arbeit, um nicht dieselben Muster ständig zu wiederholen.

Eine sichere Umgebung für das Kind aufzubauen, bedeutet eine komplexe Aufgabe. Es bedarf zahlreicher Mitspieler, die bereit sind, Verantwortung zu übernehmen. Interessanterweise bleibe ich bei vielen Fällen oft lange in dieser Phase stecken. Eine sichere Umgebung für das Kind herzustellen bedeutet, mit vielen Leuten in Kontakt zu treten und Vertrauensbeziehungen aufzubauen. Jede dieser Personen ist entscheidend und es gilt, mit ihnen auszuhandeln, was sie bereit sind zu geben für dieses Kind und die Situation und herauszufinden, ab wann sie an ihre Grenzen kommen. Es sind Durchhaltevermögen und Geduld gefragt, es gilt, für längere Zeit im Dienst für jemand anderes zu stehen. Es geht um Tragfähigkeit. Diese Tragfähigkeit des sozialen Netzes um das spezifische Kind soll ausgebaut und gestärkt werden. Selbst für viele Eltern ist es neu, zu erfahren, dass das Kind fähig wird, ein neues, der Schule angepasstes Verhalten zu zeigen und zu erlernen, wenn sie sich ganz auf die Bedürfnisse ihres Kindes einlassen und es unterstützen an den Punkten, bei denen es Unterstützung braucht.

Menschen lassen sich nicht gerne kontrollieren oder steuern. Jeder hat das Gefühl, er habe seine beste Lösung für das Kind bereits gefunden. Das ist jedoch nicht so, es braucht keine besten Lösungen für die je unterschiedlichen Bezugspersonen des Kindes, sondern eine beste Lösung für das Kind. Diese ergibt sich in der Vernetzung der verschiedenen Ansätze zum Besten des Kindes. Die verschiedenen Partner müssen zusammen ein Netz um das Kind weben, indem es sich entwickeln und ausbreiten kann, aber gleichzeitig sicher aufgehoben ist und gelobt wie geliebt werden kann.

Es wird eine sehr grosse Bereitschaft von allen Beteiligten verlangt, über die eigenen Grenzen hinauszugehen und zum Wohle des Kindes neue Wege einzuschlagen. Dies fällt nicht nur Eltern schwer. Speziell schwierig ist es für Professionelle, Lehrpersonen, Beistände, Hortpersonal und Schulpsychologen, welche oft schon viel Erfahrung gesammelt haben. Ihre Kräfte sind strapaziert, da sie noch viele andere Aufgaben zu bewältigen haben und daher an einem schnellen, unkomplizierten Lösungsweg interessiert sind.

Vertrauen bekommt man jedoch nicht geschenkt! Das Ziel dieser sicheren Umgebung ist es, dem Kind einen Rahmen, einen Tagesablauf und Bezugspersonen zu geben, die berechenbar sind. Ein Mensch fühlt sich wohl, wenn er weiss, was auf ihn zukommt, wohin er gehen muss, was als nächstes passiert. Diesen Zustand einer sicheren Umgebung kann ich erreichen, indem ich viele Strukturen und Abläufe schaffe, die sich wiederholen. Das Ziel bleibt, das Kind soll Vertrauen aufbauen können: in sich selbst, in seine Umgebung und in seine nächsten Bezugspersonen. Um dieses Ziel zu erreichen, brauche ich alle Beteiligten, die an einem Strang ziehen. Sie müssen zudem informiert sein, dass es im ersten Schritt einzig darum geht, Ruhe zu bewahren und eine sichere Umgebung mit hoher Tragfähigkeit für das Kind aufzubauen.

In der Herstellung der Zusammenarbeit aller erwachsenen Beteiligten liegt die Schwierigkeit oft darin, dass die einen Erwachsenen über die anderen Erwachsenen schlecht denken. Sie befürchten, das Problem stamme daher, dass ein Teil der Erwachsenen ihren Teil der Fürsorge für das Kind nicht kindgerecht oder situationsangepasst ausübe. Es herrscht gegenseitiges Misstrauen. Jeder will viel lieber den Fehler beim anderen sehen, statt darauf zu achten, was er selbst ändern könnte, um das Kind im Alltag besser zu unterstützen. Hier beginnt die Arbeit mit jeder der Bezugspersonen. Ebenfalls arbeite ich in diesem Moment mit dem Kind in möglichst verschiedenen Situationen. Es geht darum, dass ich das Kind und seine Situation besser kennenlernen kann und fähig werde, das Kind und seine Umgebung zu verstehen, um seine Bedürfnisse zu erkennen. Es ist wichtig, dass ich sie so gut kenne, dass ich sie allen Beteiligten glaubhaft vermitteln kann.

3.3 Kind und Situation kennenlernen

Die Bedürfnisse gilt es als Nächstes zu erfüllen. Es braucht Antworten und Möglichkeiten, das Problem der ungestillten Bedürfnisse zu beheben. Dieser Bedarf muss nicht nur vom Kind ausgehen, er kann auch Bezugspersonen des Kindes betreffen. Es gibt Umstände, bei denen man ein Bedürfnis entdeckt, das bei einer ganz anderen Person, eventuell sogar zu einer ganz anderen Zeit entstanden ist. Das Defizit will gedeckt werden. Erst nachdem das Defizit geortet werden konnte, ist es möglich, sich zurechtzufinden, einen Plan zu machen, sich neu zu orientieren und den Bedarf zu benennen. Alle Beteiligten müssen darüber informiert werden und sobald dies geschieht, besteht eine viel grössere Wahrscheinlichkeit, dass sich alle für das Wohl des Kindes einsetzen. Erst ab diesem Moment kann das Kind sich wirklich entspannen und mit der eigenen Entwicklung beginnen. Misstrauen zwischen den Helferpersonen und den z. B. Eltern erschweren es dem Kind, Ruhe zum Reifen zu finden.

Dem Kind versuche ich, Orientierung zu geben. Je nach Alter versuche ich, ihm seinen Alltag und dessen Ablauf zu erklären. Ich benütze dazu Hilfsmittel wie Pläne, Tagesabläufe und explizit formulierte Ziele für die bestimmten Tagesabschnitte. Es sollten jedoch immer nur höchstens drei Ziele sein, damit sich das Kind darunter etwas vorstellen kann. Diese müssen einfach formuliert, im Alltagsgeschehen angesiedelt und für das Kind erreichbar sein.

Mit den betroffenen Erwachsenen versuche ich, einen Dialog aufzubauen. Ich mache sie vertraut mit den Hilfsmitteln, welche ich dem Kind angeboten habe, versuche, ihre Unterstützung zu erlangen und bitte sie um ihre Mitarbeit. Ich allein kann die Situation des Kindes nicht verändern. Sie sind meine direkten Ansprechpartner. An ihnen liegt es, die Weichen neu zu stellen. In der Beziehungsarbeit mit dem Kind ist das Mitmachen und Zusammenwirken der Bezugspersonen der kritische Moment für meine Arbeit. Während ich das Kind beruhige und ihm Orientierung gebe, stellen die Erwachsenen rund um das Kind eigentlich meinen Hauptfokus dar. Ich versuche, ihnen nahezukommen und sie für den notwendigen Prozess zu gewinnen. Ich tue dies, indem ich versuche, ihnen ebenfalls Sicherheit und Verständnis zu geben, ihre Lebenssituation zu verstehen. Zur Gruppe der betroffenen Erwachsenen können viele gehören, z. B. die Eltern, manchmal noch weitere Familienangehörige, die Lehrpersonen, das Personal vom Hort, die speziellen Fachlehrpersonen wie Heilpädagogen, Logopädinnen, Beistände und viele weitere. Ich versuche, mir ein Bild zu machen von der ganzen Situation rund um das Kind und gebe mir Mühe, den heiklen Punkt, der die Überforderung auslöst oder das gegenseitige Misstrauen aufkommen lässt, zu finden.

Zusammenfassend lässt sich über diese Phase sagen, dass ich auf zwei Ebenen arbeite, um das Bedürfnis des Kindes und seiner Umgebung besser zu verstehen. Erstens die intensive Arbeit mit dem Kind selbst, möglichst nicht nur im Rahmen der Einzelberatung, sondern vielleicht zusätzlich in einem Gruppensetting, im Rahmen der Klasse oder sogar im Rahmen seiner eigenen Familie. Als Zweites und nicht weniger wichtig, versuche ich, im nahen Kontakt zu den Eltern und den anderen Bezugspersonen zu stehen.

Dies ist der Schritt, bei dem die „Leichen im Keller" eines jeden gefunden werden. Und es ist nicht ganz einfach, über diese zu sprechen und sie wahrzunehmen. Zum Abschluss dieser Phase gehört es, dass jeder Betroffene bereit ist, das alte Muster loszulassen und den Mut aufbringt, neue Muster auszuprobieren. Dies ist der Moment, in dem der Wunsch zum Wille werden muss. Der Wille ist die Triebkraft für unsere Veränderungen. Ihn brauchen wir als Motor. Denn ohne eigenen Einsatz kann ich meine Situation nicht verändern. Es stellt sich die Frage: „Was bin ich bereit, für diese Veränderung zu geben? Und bin ich dabei auch bereit, den Entscheid eines anderen zu akzeptieren, ihr oder ihm zu vertrauen? Ohne dies geht es nicht. Solange die verschiedenen Beteiligten kein Vertrauen aufbauen können, verweilen wir weiter in dieser dritten Phase. Das heisst, sobald die sichere Umgebung für das Kind hergestellt wurde, indem ich eine tragfähige Umgebung aufbauen konnte mit Regelmässigkeiten und Abläufen im Alltag und dazu die

Kooperationsbereitschaft aller erworben habe, haben wir gemeinsam gelernt, das Kind, seine momentane Situation, seine Umgebung und die betroffenen Erwachsenen zu verstehen.

Es ergeben sich viele Prozesse und viele Schritte, die die einzelnen Personen rund um das Kind gehen müssen, die viel Arbeit bergen und Zeit brauchen. Ab und zu ist es für die Lehrpersonen und die Hortbetreuerinnen schwer verständlich, weshalb dieser Schritt so lange dauert. Es ist nicht immer ersichtlich, woran gerade gearbeitet wird. Die Situation sieht unverändert aus. Das Warten ist schwer auszuhalten, aber es wird unheimlich viel geleistet während dieses Teils des Arbeitsprozesses.

3.4 Unterstützen

Nun heisst es, massgeschneiderte Angebote für den Klienten zu erstellen, um ihn zu unterstützen. Wie tue ich dies? Da sein Wille mobilisiert und er bereit ist, seinen Beitrag zu leisten, kann ich ihn im Idealfall direkt fragen, was er braucht, um sein Ziel zu erreichen. Dies können viele Angebote sein, die nicht direkt von mir kommen, wie Hausaufgabenhilfen, Freizeitkurse, Pausengruppen u. Ä. Das Gleiche gilt für die Arbeit mit den betroffenen Eltern oder Lehrpersonen. Auch bei ihnen heisst es, Möglichkeiten zu finden, die sie dabei unterstützen, eine neue Rolle zu übernehmen. Dies können Arbeitseinsätze, Frauengruppen, Elterngruppen, ein Hortplatz, eine freiwillige Anmeldung im Sozialzentrum, das Beiziehen einer weiteren Vertrauensperson und vieles mehr sein.

Bei diesem Punkt gilt es, die Kluft zwischen der Realität und den Bedürfnissen zu füllen. Der englische Ausdruck „to fit“ passt hier am besten, denn die Angebote müssen exakt zu den Bedürfnissen passen. Sie sollen die Lücken zwischen den vorhandenen Ressourcen der Betroffenen und dem Verlangten, den Anforderungen des Lebens, der Schule, des Alltags, schliessen.

Der Klient, der eine Veränderung möchte, braucht die Möglichkeit, neue Erfahrungen zu machen. Sein Erfahrungshorizont muss erweitert werden, so dass er neue Dinge lernen kann und neuen Einflüssen ausgesetzt ist. Ich versuche in diesen Settings, das Schulwesen zu erklären. Ich funktioniere als eine Art Mediatorin. So machen die Eltern als Klienten neue Erfahrungen. Ich versuche dabei, Settings einzurichten, in denen ich meinen Klienten nicht wie in der Einzelberatung hauptsächlich im Zweiergespräch begegne. Stattdessen eignen sich Gruppensettings zu bestimmten Themen, z. B. gibt es in meiner Schule einen aktiven Elternverein, wo die Eltern sich auch untereinander kennenlernen können, verschiedene Projekte, in denen die Eltern aktiv mitarbeiten können, wie den „Pausenkiosk“, den „Hol- und Bring-Schrank“ und ein „Freizeit im Schulhaus“-Angebot (mehr dazu in den Fallbeispielen im Kapitel 4). Ich mache Quartierspaziergänge mit den Eltern, Weiterbildungen oder lade sie auch mal zu einem Filmabend mit den Lehrpersonen in das Schulhaus ein. All diese verschiedenen Settings eröffnen den Eltern neue Möglichkeiten, neue Themen, sie erweitern ihren Horizont und ich lerne die Eltern auf eine ganz andere, umfassendere Art kennen. Das gemeinsame Erlebnis und die gemeinsame Reflexion über das Erlebte zählen. So entsteht ein Moment des Lernens und neue Varianten von Verhaltensmustern tun sich auf. Neues Wissen und neue Erfahrungen bereichern und können Menschen verändern. Je stärker sich die Arbeit mit dem Klienten auf seine konkrete Situation konzentriert[31], desto mehr gewinnt sie an Kraft und Wirksamkeit. Zusätzlich fühlt sich ein Mensch wohler, wenn er seine aktuelle Umgebung kennt, auch das, was als Nächstes auf ihn zukommt. In einem solchen Setting wagt er eher, selbstständig zu werden, da er sich sicher fühlt. Er lernt den nächsten Schritt kennen und durch die Wiederholung kann er ihn bereits voraussagen oder erahnen. Diese Unterstützung stärkt ihn und bringt ihm Sicherheit. Die Settings, die ich für diese Phase wähle, sind Kindergruppen verschiedenster Varianten und Themen. Aber ebenso Gruppen, die aus Erwachsenen, den Eltern und Kindern bestehen. Wöchentliche Treffen in der Gruppe und nach Bedarf weiterhin in der Einzelberatung sind wünschenswert. Es ist eine sehr bereichernde Zeit. Die Vertrauensbeziehung, die ursprünglich zwischen mir und dem Kind bestand, weitet sich aus und das Kind beginnt weitere Vertrauensbeziehungen zu anderen Eltern und anderen professionellen Personen aufzubauen.

3.5 Tagesrhythmus

Die nächste Phase, in der ich die Selbstständigkeit meines Klienten stärke und das neue Verhalten vertiefen, sogar automatisieren möchte, besteht aus dem Erlernen des Tagesrhythmus. Das Kind, die Eltern, die ganze Familie zusammen lernt den Tagesablauf, Rituale, Abläufe von Aktivitäten und wichtige Punkte des Zusammenseins im Alltag kennen. Sie wenden die erlernten, entsprechenden Hilfsmittel bereits an, etwa Wochenpläne oder Lernmethoden, um Neues zu integrieren. Sie haben nach der langen Zusammenarbeit bereits einen Fundus, auf den sie sich verlassen können, denn sie haben diese Abläufe gemeinsam mit mir, aber auch in Gruppen mit anderen Personen eingeübt. Sowohl für die Kinder wie für deren Eltern, Lehrpersonen und

31 Yalom (1999), S. 46.

Hortleiter werden die Abläufe sehr berechenbar, Überraschungen werden minimiert. Gewisse Vorgehensweisen und Abläufe sind durch das ständige Trainieren und Wiederholen zu automatisierten Handlungen geworden. Dadurch kann eine Überforderung verhindert werden. Alle kennen alles und man kennt sich untereinander. Weiter hilft diese bekannte, eingeübte Situation neuen Dingen, neuem Verhalten Platz zu lassen oder sie lässt Raum, um dem Schulstoff konzentrierter zu folgen. Viele alltägliche Entscheidungen sind bereits gefällt und eingespielt. Dafür ist mehr freie Kapazität für Neues vorhanden.

Jeder weiss, was von ihm erwartet wird, wie man zu Lob kommt und wie die Sanktionen aussehen, falls sich das Kind nicht so verhält, wie es dies mit uns Erwachsenen vereinbart hat. Die verschiedensten Situationen sind bereits im Voraus bedacht worden, jeder weiss, welche Möglichkeiten er hat, um zu reagieren. In dieser Phase zeigt sich der Erfolg der gemeinsamen Arbeit. Die Eltern, Kinder und das Schulpersonal werden in den meisten Fällen in dieser Phase wieder völlig selbstständig und brauchen meine Beratung immer weniger. Die Taktik sowie das Ziel, welches jeder für sich selbst gewählt hat, sind jetzt bekannt. Die Ressourcen und die Bedürfnisse aller Beteiligten sind neu aufgeteilt. Jeder kennt seine Rolle. Die Umsetzung wurde erprobt, sowohl in der Einzelberatung als auch in der Gruppe. Was fehlt, ist das Training. Die mehrfache Wiederholung des Eingeübten bringt schliesslich das automatisierte Verhalten hervor, welches es dem Kind, der Familie und/oder der Schule erlaubt, den Alltag leichter zu bewältigen.

Wie in den vorhergehenden Phasen des Prozesses ist es auch in dieser Phase wichtig, dass sich nicht nur das Kind, sondern auch die Eltern in der Schule, in der Umgebung des Kindes, selbstsicher und frei bewegen können[32].Für die Schulsozialarbeit ist Integrationsarbeit wichtig. Partizipation ist ein wesentlicher Teil von Integration. Nur wer sich im Schulhaus wohl fühlt und wer sich als Teil des Schulhauses sieht, kann motiviert werden. Es ist wichtig, dass jeder Betroffene von „unserem" oder „seinem" Schulhaus sprechen kann, um sich mit diesem zu identifizieren. Sobald Eltern von unserem Schulhaus sprechen, bieten sie ihrem Kind Sicherheit in seinem Alltag. Um

---

32 Glücklicherweise ist es mir durch die nahe und gute Zusammenarbeit mit der Schulleitung und den Lehrpersonen möglich, in meinem Schulhaus den Eltern viele Angebote zu offerieren. Im Laufe meiner Tätigkeit als Schulsozialarbeiterin im Schulhaus konnte ich dank aktiver und motivierter Eltern – Eltern, die verstanden haben, dass ihre Präsenz im Schulhaus das Wohlbefinden ihres Kindes unterstützt – einen aktiven Elternverein aufbauen. Die Eltern realisieren eine Anzahl mehrjähriger Projekte im Schulhaus. Nicht alle, aber dennoch der grössere Teil dieser aktiven Eltern sind ehemalige Klienten von mir. Die gemeinsame Arbeit, ausgeübt anhand verschiedenster Projekte, gibt Zusammenhalt. Sie bietet Integration. Integration in unsere Schule, in die Entwicklung ihrer Kinder, sogar Integration in die Gesellschaft der Schweiz.

diese Identifikation der Eltern mit der Schule zu bewerkstelligen, kommt der Kooperation zwischen Schulleitung, Lehrpersonen und Schulsozialarbeit ein hoher Stellenwert zu.

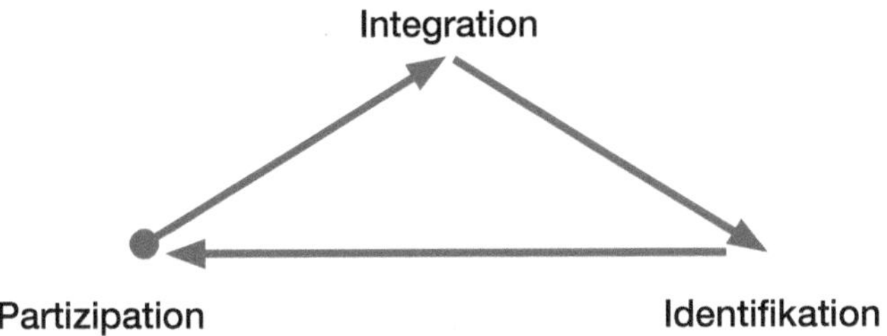

„Aus Sicht der Sozialen Arbeit – verstanden als Profession, die sich für soziale Gerechtigkeit einsetzt und sich an den Prinzipien der Menschenrechte orientiert – steht die Schulsozialarbeit daher gewissermassen in der Pflicht, zum Wohle der Schüler und Schülerinnen Einfluss auf die Schulentwicklung zu nehmen (…) Ein Blick in die aktuelle Praxis zeigt, dass das Kooperationsverhältnis bezüglich des Einflusses der Schulsozialarbeit auf Schulentwicklungsprozesse ein wesentliches Merkmal für den Erfolg darstellt."[33]

Die Teilnahme der Eltern am Leben der Kinder ausserhalb der Familie erzeugt Zugehörigkeit, da sie sich in das (Schul-)Leben der Kinder integrieren. Die Integration wiederum erzeugt bei den Kindern ein sehr grosses Vertrauen in die Welt der Schule und des Lernens, dies auch bei den Eltern. Sobald dies geschehen ist, wird der Alltag für die Kinder um einiges leichter. Sie fühlen sich in der Schule zugehörig. Diese Entspannung bewirkt Wunder! Es zeigt sich immer wieder, wie sich Kinder durch diesen Schritt, den Sie gemeinsam mit den Eltern gehen, im Schulzeugnis um eine Note oder mehr verbessern können. Die Kinder brauchen Sicherheit, vor allem die sensiblen Kinder. Die Eltern, die diesen Einsatz auf sich nehmen und die Schulen, die den Eltern diese Möglichkeiten bieten, unterstützen die Kinder im höchsten Masse. Für die Eltern bedeutet dies einen hohen Aufwand, für den Staat dagegen ist es sehr kostengünstig. Auch die Lehrpersonen, der Hort und die Schule als Ganzes werden durch dieses Vorgehen entlastet. Die Schule und die Schulentwicklung werden so von allen Betroffenen zusammen getragen und können zur Freude aller Erfolge erreichen, die nur dank der Kooperationsbereitschaft möglich werden. Daraus folgt: Die Schulsozialarbeit kann Anregungen geben und neue Erfahrungswelten zeigen, Voraussetzungen und Möglichkeiten schaffen. Aber die Veränderung selbst kann die Schulsozialarbeit nicht herbeiführen. Dazu braucht es das Vertrauen und

33 Venzi (2018), S. 155.

die Kooperationsbereitschaft aller betroffenen Parteien, der Schulleitung, der Lehrpersonen, der Hortmitarbeitenden, weiterer involvierter formeller Institutionen wie Beistände oder sozialpädagogische Familienarbeiterinnen und natürlich die der Eltern sowie die des eigentlichen Klienten, des Kindes. Die meisten Auffälligkeiten der Kinder legen sich in diesem Stadium der schulsozialarbeiterischen Intervention. Nun liegt es an den Eltern, den Lehrpersonen, den Hortleitern und natürlich ganz speziell am Kind, das gelernte Wissen umzusetzen und die gefundenen Hilfsmittel zu verwenden. Es folgt ein langer Prozess des immer wieder Einstudierens des Gelernten und des Trainierens. Diese Zeit braucht viel Kraft und Ausdauer.

Ein Satz von Kim Berg, der berühmten amerikanischen Psychotherapeutin, darf an dieser Stelle nicht fehlen: „Wenn etwas funktioniert, mach mehr davon!“[34]

Ich habe zur Genüge erlebt, dass genau im Moment, in dem eine Technik funktioniert, die Betroffenen am liebsten damit aufhören möchten. Sie denken, dass sie dies ja jetzt können und möchten zu etwas Neuem übergehen. Aber das Geheimnis liegt darin, ausdauernd mit der gleichen Methodik weiterzumachen, da sie ja eben funktioniert, bis das Verhalten automatisiert ist und wir tatsächlich Schritt für Schritt von den Hilfsmitteln ablassen können.

3.6 Gesprächsbereitschaft vertiefen

Es gibt aber auch wenige Kinder, bei denen genau an dieser Stelle des Prozesses klar wird, dass das Defizit eigentlich woanders liegt als ursprünglich angenommen. Durch die Beruhigung der Situation und die Bereitschaft der Zusammenarbeit aller Beteiligten können neue Schwierigkeiten entdeckt werden. Das bisher verdeckte Defizit wird nun endlich sichtbar. Damit an diesem Punkt keine zu grosse Frustration entsteht, da der Prozess nochmals von vorne beginnt, ist es wichtig, grossen Wert auf das Vertrauensverhältnis zu legen. Es gilt die Gesprächsbereitschaft zu vertiefen und zu signalisieren: Wir lassen dich nicht allein! Oder sogar der ganzen Familie: Wir lassen euch nicht allein! Ihr gehört zu uns! Auf diese Art und Weise kann die Motivation zur weiteren Veränderung gestärkt werden. Unabdingbar ist, dass die Begleitung weitergeht. Sonst fühlen sich die Betroffenen abgeschoben, das Vertrauen ist zerstört. Ein weiteres Mal Vertrauen aufzubauen wird umso schwerer.

---

34 Berg, Shilts (2009), S. 17.

Es gilt, das Vertrauen zu stärken und das neue sichtbare Defizit einzugrenzen, um die Motivation zur weiteren Veränderung zu unterstützen. Oft lohnt es sich, aufzuzählen was alles bereits erreicht wurde und zu verdeutlichen: Wenn du schon so vieles erreicht hast, bist du bestimmt fähig, auch den nächsten Schritt zu erreichen. Dies braucht einen langen Atem, aber wir schaffen es.

3.7 Vernetzung

An diesem Punkt muss man sich jedoch eingestehen, dass die Ressourcen, die bisher genutzt wurden, nicht ausreichend sind, um das ganze Problem zu lösen. Es wird wichtig, sich nach aussen zu vernetzen. Die gleiche Vernetzung, die am Anfang schulhausintern aufgebaut wurde, wird nun auch mit Angeboten von aussen erzeugt. Beigezogen werden zur Unterstützung z.B. der Hausarzt, eine Rechtsberatung, Nachbarn, Psychologen, die Polizei, Spezialisten oder weitere Stellen oder Institutionen. Die wöchentliche Einzelbetreuung durch die Schulsozialarbeit bleibt, damit das Vertrauensverhältnis weiterhin besteht. Wichtig für das Kind ist die Fortsetzung dieser ersten Vertrauensbeziehung ausserhalb der Familie, bis es am Ort – dem passenden Angebot – angekommen ist, wo es nun die passende Unterstützung erfahren kann. Diese sollte auf die Bedürfnisse des Kindes und der Eltern zugeschnitten sein.

3.8 Stabilisierung

Sobald dieser Ort gefunden wird – dies kann lange dauern, sogar über Jahre hinweg, denn manchmal werden immer wieder neue Defizite entdeckt –, tritt nun endlich die Phase der Stabilisierung ein.

Nun beginnt wieder der Übungs- und Trainingsprozess. Dadurch können Defizite aufgearbeitet und neue Eigenschaften und Fähigkeiten ausgebildet werden. Zum Teil erfolgt das Training durch spezifisch geschulte Spezialisten.

3.9 Diagnose, Therapie

Der lang ersehnte Moment ist damit erreicht. Eine Diagnose und die entsprechende Therapie werden möglich. Es braucht die Bereitschaft des Kindes und das Einverständnis der Eltern und der weiteren Bezugspersonen. Dafür ist das Vertrauen notwendig, welches als Erstes, ganz am Anfang dieses langen Prozesses in der Einzelberatung der Schulsozialarbeit aufgebaut wurde. An diesem Punkt kann der Klient dem entsprechenden Spezialisten übergeben werden, ausser der Klient wünscht sich, weiterhin die Beziehung zum Erstkontakt zu bewahren. Dies erfordert aber eine sehr gute Absprache zwischen Spezialisten, Schulsozialarbeit, Eltern und Kind. Meistens dauert dieses „Übergangs-"Verhältnis an Betreuung nicht lange, nur so lange, bis sich das Kind, die Familie, am neuen Ort aufgenommen und verstanden fühlen. Dann will das Kind ganz von selbst auf den Kontakt mit der Schulsozialarbeiterin verzichten.

4 Fälle aus dem Alltag der Schulsozialarbeit

In den folgenden Fallbeispielen sind die oben besprochenen Schlüsselmomente deutlich erkennbar. Um die Anonymität meiner Klienten zu wahren, habe ich bestimmte Einzelheiten wie Namen, Alter, Schulklasse, Berufe, Herkunftsländer etc. verändert. Die dargestellten Problemstellungen sind während meiner Arbeitsjahre mehrfach in verschiedenen Varianten vorgekommen und aus diesen zusammengestellt. Die im Text beschriebene Interaktion ist somit nicht wortwörtlich wiedergegeben, sondern anhand der ausführlichen Aufzeichnungen der Begegnungen mit dem Klienten rekonstruiert.

Die Titelüberschriften in diesem Kapitel habe ich so gewählt, dass sie die Quintessenz jeder Fallgeschichte benennen. Ich hoffe, dass ich dadurch eine Typisierung einführen kann, welche bei Begegnungen mit Klienten als Orientierung dient. Die Vielfalt ist gross, beinahe überwältigend, noch viel breiter, als ich sie in diesem Buch zeigen kann. Aber ich möchte darstellen, wie die tiefere Analyse der Situation und des Problems in einem einzelnen spezifischen Fall uns auch in einem nächsten Fall weiterhelfen kann. Wir können aus unserem Vorgehen im einem bestimmten Fall über unser mögliches Vorgehen in einem nächsten Fall lernen, sofern wir erkennen können, um welchen Fall-Typus es sich bei diesem neuen Klienten handelt. Es gibt fallspezifisches und fallübergreifendes Wissen. Und es geht darum, beides anzuwenden.

4.1 Zwischenlokomotive

Jedes Kind ist gewissermassen ein Genie,
und jedes Genie gewissermassen ein Kind.
Arthur Schopenhauer (1788–1860)

Alle Menschen verlangen von Natur aus nach Wissen.
Aristoteles (384–322 v.Chr.)

Ein Kind ohne Neugier, ein Kind ohne Wissenslust ist ein Kind, dem ein Stück seines Kindseins genommen wurde, so meinte Aristoteles. Was also ist passiert, wenn ein Kind sich nicht mehr für die Welt – die Familie, die Schule – in der es lebt, interessiert? Und wo ist es geschehen? Gibt es einen Täter oder eine Täterin? Wer trägt die Verantwortung? Und wie können wir die Kinder wieder aus ihrer Verneinung, Teilnahmslosigkeit und Gleichgültigkeit herausholen?

In meiner langjährigen Arbeit als Sozialarbeiterin mit Kindern und Jugendlichen, noch vor Beginn meiner Arbeit als Schulsozialarbeiterin in einer Schule, merkte ich schnell, dass die Schule ein bedeutender Erfahrungsrahmen für ein Kind ist. Der intimste Rahmen, zu dem ein Kind gehören möchte, sich einfügt und von dem es seine ersten Schritte und seine ersten Verhaltensmuster lernt, ist und bleibt die Kernfamilie. Sein zweiter sozialer Rahmen, welcher verantwortlich ist für seine Sozialisierung und sein Wohlbefinden, ist die Schule. In der Schule fällt ein Kind auf, wenn es Lernblockaden, Widerstände hat oder wenn es ganz einfach traurig, auffällig ruhig, passiv oder überaktiv ist. Dies ist deshalb auch der Ort, an welchem dem Kind geholfen werden kann, sobald sein Problem erkannt wird und an dem es eine zweite Chance bekommen kann. Genau an diesem Ort, in der Schule nämlich, habe ich gemerkt, können wir in Ergänzung zum Elternhaus viel für die Kinder tun. Es sollte die Aufgabe der Schule als zweitwichtigster Erziehungsrahmen der Kinder und als Kontrollinstanz der Gesellschaft sein, die Grundbedürfnisse der Kinder abzudecken, ihnen Zuwendung und soziale Anerkennung zu vermitteln sowie ihre Entwicklung zu fördern und ihre Lernkompetenzen anzuregen. Das Desinteresse und die Teilnahmslosigkeit, die manche Kinder in der Schule zeigen, können eventuell vermindert werden. Ihre Trägheit nimmt ab. Sobald die Kinder ihrer Umgebung nicht mehr gleichgültig gegenüberstehen, steigert sich ihre Lernfähigkeit.

Aber was muss die Schule bieten, um den Kindern dies zu ermöglichen? Stella Chess, eine amerikanische Kinderpsychiaterin und ihr Ehemann, Alexander Thomas, haben in ihren gemeinsamen Forschungsarbeiten den

Ausdruck „goodness of fit“[35] eingeführt, der besagt, dass sich ein Kind dann am besten entwickelt, wenn Übereinstimmung zwischen seinem Temperament und seiner Motivation einerseits und den Erwartungen, Anforderungen und Möglichkeiten der Umwelt andererseits besteht. Daraus wird ersichtlich, dass der Schulerfolg nur gelingen kann, wenn die Eltern, die Familie in den Prozess der Veränderung einbezogen werden. Das Kind muss mit seinen Eltern zusammen lernen, die vorhandenen Ressourcen und Stärken vom Zuhause und der Schule neu zu benutzen. Es liegt in der Verantwortung des Elternhauses und der Schule, Hand in Hand für das Kind ein Vorbild zu sein und ihm Wege für ein verantwortungsbewusstes Erwachsenwerden zu zeigen. Um die Neugier des Kindes zu wecken und ihm Wohlbefinden zu vermitteln, braucht ein Kind eine Übereinstimmung zwischen seinen eigenen Bedürfnissen und den Anforderungen seiner Umwelt.

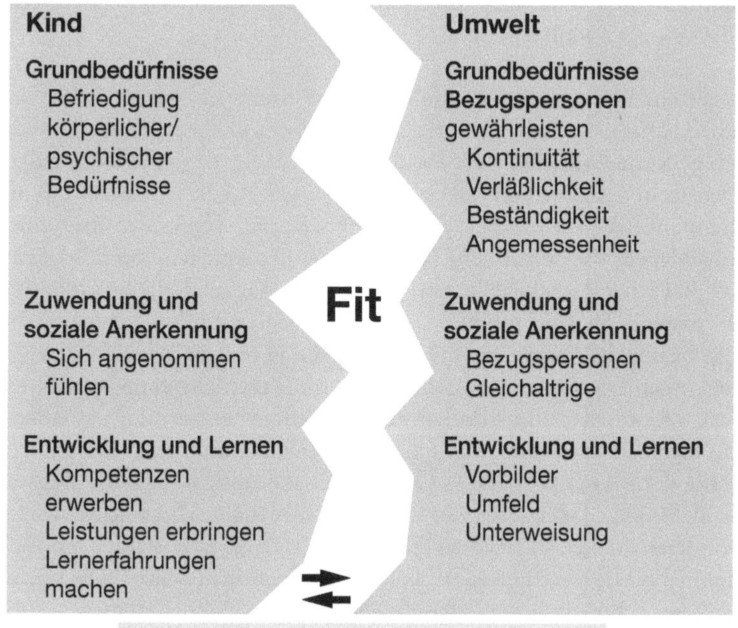

Abbildung nach Chess und Thomas, 1984

35 Chess and Thomas (1984).

Der Einbezug der Eltern in den Schulalltag fällt nicht immer leicht. Kinder mit Lernblockaden, Verhaltensauffälligkeiten, Aggressivität oder depressiven Symptomen kommen oft aus minimal tragfähigen Elternhäusern mit vielen und komplexen Problemen. Die meisten dieser Eltern haben selbst negative Lernerfahrungen gemacht. Die Hemmschwelle, der Schule positiv gegenüberzustehen, ist hoch. Auch Familien aus fremden Kulturen fällt es häufig schwer, ein unbeschwertes Verhältnis zur Schule zu haben. Die Zusammenarbeit der Lehrpersonen mit den Eltern und umgekehrt ist in Fällen von sogenannten „schwierigen, arbeitsaufwändigen Kindern“ oft von Missverständnissen und Vorurteilen geprägt.

Aber es gibt keinen anderen Weg: Um den Kindern Wohlbefinden und ein gestärktes Selbstwertgefühl zu ermöglichen, braucht es die Bereitschaft der Eltern und der Schule zu einer partnerschaftlichen Zusammenarbeit. Kommt jedoch die Zusammenarbeit nicht von selbst zustande, ist es förderlich, wenn Hilfe beantragt wird.

An diesem Punkt kann die Schulsozialarbeit unterstützend zur Schule und dem Elternhaus wirken. Sie kann sich wie eine Zwischenlokomotive in das Gefüge Schule-Elternhaus hineinschieben. Und für den einen schwierigen Moment in der Zusammenarbeit der Eltern und der Schule, wenn z. B. die Kommunikationsansprüche zwischen Schule und Elternhaus die primär vorhandenen Ressourcen und Fähigkeiten überschreiten, behilflich sein. Das Bild einer Zwischenlokomotive beschreibt für mich die Situation hier sehr passend. Sie wird gebraucht im Zusammenhang mit Güterzügen. Ihre Aufgabe und die Aufgabe der Schulsozialarbeit in einigen Fällen gleichen sich stark. Auch bei Güterzügen geht es um das Zusammenkoppeln mehrerer Waggons, wie es in der Schule um die Zusammenarbeit, um das Ankoppeln mehrerer Personen, Eltern, Schule, Betreuung und weitere Ämter zum Wohle des Kindes geht. Beim Güterzug ist die Absicht, dass die Zugkraft zur Beförderung der Wagenzugmasse die Anhängelast der Zughakenlast nicht überschreitet. In gewissen Situationen, z. B. bei einer starken Steigung, kommen die bereits eingesetzten Lokomotiven an ihre Grenzen. Die Anhängelast überschreitet die zulässige Zughakenlast. In diesem Moment werden Zwischenlokomotiven[36] eingesetzt. Dies wird als Zwischendienst bezeichnet, d. h. es ist ein vorübergehender Dienst, welcher nur für eben diese schwierige Situation eingesetzt wird. Sobald sich die Situation beruhigt, wird die Zwischenlokomotive wieder entfernt. Die Zwischenlokomotiven übernehmen in dieser schwierigen Situation einen Teil der Beförderung der

36 „Zwischenlokomotive“. In: Wikipedia, Die freie Enzyklopädie. Bearbeitungsstand: 22. September 2018, 13:30 UTC. URL: https://de.wikipedia.org/w/index.php?title=Zwischenlokomotive&oldid=181128650 (Abgerufen: 12. April 2021, 14:50 UTC).

Wagenmassen und verhindern somit eine Zugtrennung. Sinnbildlich ist auch dies die Aufgabe der Schulsozialarbeit in bestimmten Fällen. Mit Hilfe der Schulsozialarbeit soll eine Versetzung der Schüler in ein anderes Schulhaus oder die Erschöpfung der Lehrpersonen eingedämmt werden. Die Schulsozialarbeit kann die Zusammenarbeit zwischen Schulhaus und Elternhaus ermöglichen in Situationen, in denen dies von allein nicht möglich wäre.

Fallbeispiel Kali

Die Eltern von Kali sind aus Kabul, Kali selbst lebte seit ihrer Geburt in der Schweiz. Die ersten Jahre ihrer Primarschulzeit absolvierte sie in einer Sprachheilschule, da im Kindergarten eine Sprachstörung festgestellt wurde. Die Klassen in der Sprachheilschule bestanden nur aus wenigen Schülern. In der 4. Klasse wurde Kali in der öffentlichen Schule neu in eine Regelklasse eingeteilt, da die Sprachstörung überwunden zu sein schien. Das erste Mal sass Kali nun mit vielen Mitschülern und Mitschülerinnen in einem Raum.

Am Anfang ging alles gut. Kali orientierte sich an ihrer Lehrperson, wie ihr dies in der Sprachheilschule beigebracht worden war. Diese war über Kalis Problem informiert und konnte daher speziell auf sie eingehen. Aber plötzlich überstürzten sich die Ereignisse. Zum Ende der 4. Klasse wurde die Lehrperson sehr krank. Einige Monate versuchte sie, trotz ihrer Krankheit die Klasse weiter zu führen, da sie sich darüber bewusst war, wie bedeutend ihre Präsenz für die Schüler ist. Aber leider war sie so geschwächt, dass sie nicht mehr wie vorher auf einzelne Schüler mit Sonderbedürfnissen einzugehen vermochte. Kali fühlte sich plötzlich in dieser grossen Klasse verlassen, verlor ihre Orientierung. Zuhause erzählte sie nichts. Sie wusste selbst nicht, was ihr fehlte. Den Eltern fiel auf, dass Kali sich verändert hatte und sich seltsam benahm. Sie schien traurig zu sein. Aber sie verstanden nicht warum und fühlten sich überfordert mit Kalis Traurigkeit, die sich auch in Wutanfällen äußerte. Sie hatten nur eine sehr kleine Wohnung, zwei Zimmer. Kali musste mit den Eltern das Schlafzimmer teilen, dabei war sie fast dreizehn Jahre alt. Die Eltern nahmen die Schuld für Kalis Trauer und Wut auf sich, weil sie dachten, Kali hätte gerne ein eigenes Zimmer, mehr Platz, mehr Wohlstand. Weil sie sich schuldig fühlten, zogen sie sich von Kali zurück. Kali wurde dadurch noch einsamer. Es gab niemanden mehr, der ihr die Welt erklärte. Als die kranke Lehrperson endgültig ausfiel, kam es in der Schule zu einem Lehrpersonenwechsel. Eine junge Vikarin folgte, die versuchte, die Klasse zu disziplinieren, was ihr jedoch nicht ganz gelingen wollte. Alle Kinder wurden laut. Kali wollte dazu gehören und wurde am lautesten. Scheinbar musste man sich jetzt so benehmen, um nicht ganz verloren zu gehen. Die Vikarin ging und machte einem jungen Vikar Platz. Aber auch diesem wurde es zu bunt in dieser Klasse. Aufgaben wurden aus Prinzip nicht mehr erledigt, Material zu Hause vergessen. Auch das Verhalten von Kali wurde für den Vikar immer schwieriger. Sie erledigte keine Aufgaben mehr, vergass immer häufiger Bücher, Turnzeug, Schwimmsack zuhause. Im Unterricht zeigte sie ein auffälliges, kindliches Verhalten. Sie folgte den Anweisungen des Lehrers nicht mehr. Kali wurde mehrfach vom Unterricht nach Hause geschickt. Die Eltern reagierten nicht. Die Lehrperson fühlte sich allein gelassen und kam ins Zweifeln bezüglich ihrer Kräfte.

Viele Eltern ärgerten sich über den Zustand der Klasse. Sie wehrten sich, gingen zum Schulpräsidenten. Von Kalis Eltern hörte man nichts. Sie erschienen nicht einmal zu einem Not-Elternabend. Sie hatten nicht mitbekommen, was in der Schule gerade passierte. An diesem Elternabend wurde versucht, die Klasse, welche aus Rand und Band geraten war, zu retten. Es wurden Schuldige gesucht. Man sprach davon, eine neue, tragfähige Lehrperson zu suchen, und um dieser einen guten neuen Start zu ermöglichen, sollten ein bis zwei schwierige Schüler von der Klasse ausgeschlossen werden. Alle Anwesenden fanden Gefallen an diesem Vorschlag. Die, die es betraf, waren jedoch nicht anwesend, sie wussten nichts von alledem. Man unterstellte ihnen deshalb Desinteresse und mangelnde Bereitschaft zur Mitarbeit.

Als Kali von ihrem Ausschluss hörte, war sie sehr traurig, worauf sie zur Schulsozialarbeiterin ging. Sie kam zu mir. Nach mehreren Gesprächen mit mir erklärte sich der Schulpräsident bereit, Kali eine zweiwöchige Probezeit zu ermöglichen, falls auch die neue, fest angestellte Lehrperson einverstanden war. Kali hatte Glück, dass diese ihr eine Chance gab, ohne die Schwierigkeiten der Schülerin zu kennen. In einer erneuten Sitzung, bei der das Prinzip der Probezeit erklärt werden sollte, erschienen Kalis Eltern wieder nicht, obwohl sie von der Kreisschulpflege per Post eingeladen worden waren. Kali erschien allein. Niemand verstand die Eltern und ihr Desinteresse. Da die neue Lehrperson bereit war, mit mir zusammenzuarbeiten, konnte ich der Sache nachgehen. Ich besuchte die Eltern zu Hause und zeigte ihnen Kalis leere, verkleckerten Hefte. Sie waren schockiert. Von diesem Zeitpunkt an arbeitete ich intensiv mit den Eltern und Kali zusammen. Wir trafen uns mehrmals in diesen zwei kurzen Wochen der Probezeit. Die Mutter weinte oft heftig an den Treffen. Plötzlich merkte Kali, dass sie ihre Mutter mit ihrem Verhalten verletzte. Die Mutter sorgte sich um sie. Nur sie konnte helfen, ihre Mutter wieder glücklich zu machen.

Ganz pragmatisch und Punkt für Punkt erklärte ich, was Kali in der Schule verbessern musste. Die Mutter fühlte sich fähig und zeigte sich bereit, das Kontrollieren der Hausaufgaben und das Unterschreiben des Aufgabenheftes

zu übernehmen. Plötzlich war Kali mit ihrem Schulleben nicht mehr allein. Zuhause fand ein gemeinsames Arbeiten statt; Kali hatte sich ihrer Mutter noch nie so nahe gefühlt. In der Schule erhielt Kali täglich Rückmeldungen von ihrer neuen Lehrperson. Auch ich sprach sie täglich an. Kali konnte nun schnell zeigen, dass sie motiviert war. Die Probezeit wurde verlängert und schliesslich durfte Kali in der Klasse bleiben. Sie hatte etwas Wunderbares gelernt:
Wenn sie ihre Probleme anpackt und sich Hilfe holt von Dritten, können die anderen Menschen ihr helfen und die Riesenfreude am Schluss wird ein gemeinsames Erlebnis.

4.2 Die Eltern in ihrem eigenen Wohlbefinden stärken

Um den Eltern die Schule näher zu bringen und die Zusammenarbeit zwischen Schulhaus und Elternaus zu stärken, habe ich einen Elternverein gegründet. Ich möchte die Eltern mit ihren Stärken kennenlernen. Ich möchte sie nicht nur sehen, wenn sie Kummer haben oder nicht mehr weiterwissen, sondern eine Beziehung zu ihnen aufbauen, wenn es ihnen gut geht und sie sich stark und sicher fühlen. Sie sind die Eltern der Kinder unserer Schule und dafür da, um den Kindern Sicherheit und Bodenständigkeit zu geben. Durch die Gründung des Elternvereins hat sich für mich eine unerwartete neue Möglichkeit ergeben, an mehr Informationen zu kommen. Wenn sich Leute treffen, wird unbefangen geredet. Ich erfuhr auf diese Weise automatisch mehr über die anwesenden und nicht anwesenden Familien.

Eines Tages kam eine Mutter zu mir. Diese Mutter, Pina, stammte aus dem Balkan, ihr Gatte aus der Innerschweiz. Sie hatten zwei Söhne mit einem grossen Altersunterschied. Die Mutter war zu diesem Zeitpunkt bereits aktiv im Elternverein und half einmal die Woche in unserem Projekt „Pausenkiosk" mit. Der Grund, weshalb sie mich in meinem Büro aufsuchte, war nicht das Projekt, sondern ihr Sohn. Er fühlte sich schon länger nicht mehr wohl in seiner Klasse. Er wurde von den anderen Mitschülern ausgeschlossen und fühlte sich auch von der Lehrperson im Stich gelassen. Die Mutter war verzweifelt. Sie gab sich Mühe, alles richtig zu machen, aber irgendwie fand sie keinen Draht zur Lehrperson, ebenso wenig wie ihr Sohn. Bei einer von ihr initiierten Aussprache mit der Lehrperson ergab sich keine Nähe, sondern eher Missmut und Verzweiflung. Der Junge brachte gute Leistungen in den Pflichtfächern. Hingegen war er im Sport schwach und beteiligte sich im mündlichen Unterricht wenig. Die Eltern sahen seine Zukunft im Gymnasium. Damit war die Lehrperson aber nicht einverstanden. Sie versuchte den Eltern zu erklären, dass es zu diesem Schritt nicht reiche.

Zur gleichen Zeit traten andere Eltern des Elternvereins an mich heran und erzählten mir von der Not Pinas. Sie lebte mit ihrem Mann und ihren beiden Söhnen in einer sehr kleinen Wohnung bei uns im Quartier. Jedoch war sie voll Energie und Arbeitsmotivation. Es wurde mir erzählt, dass sie drei Mal im Tag ihre Wohnung putzte, weil sie mit dieser Arbeit immer so schnell fertig war. Die Wohnung war zu klein für sie. Sie war unterfordert. Dies bedrückte sie und wirkte sich auf die ganze Familie aus.

Ich lud Pina zu einem weiteren Gespräch ein. Sie war überrascht, weil ich mit ihr über ihre eigene Situation reden wollte, nicht über die ihres Sohnes. Die Auseinandersetzungen, die sie mit der Lehrperson hatte, liess ich ebenfalls beiseite. Ich ging einen anderen Weg. Ich lobte sie für ihren Einsatz im Pausenkiosk und erzählte ihr, dass mir von den anderen Frauen berichtet wurde, wie geschickt und effizient sie arbeiten konnte. Ihre Arbeit sehe sauber und nahezu vollkommen aus und sie werde dafür sehr gelobt. Sie wurde beinahe rot und sehr verlegen. Damit hatte sie nicht gerechnet, als sie von mir, der Schulsozialarbeiterin eingeladen worden war und ihr Sohn so viele Probleme in der Schule hatte. Sie war gewohnt, von der Lehrerin eingeladen zu werden, um Kritisches über ihren Sohn zu hören. Ich aber bat sie um Hilfe. Ich sagte ihr, ich möchte ein neues Projekt für den Elternverein initiieren und da sie im Quartier lebe, wisse sie eventuell, was nötig sei für die Eltern unseres Schulhauses. Wir könnten ziemlich alles aufbauen, sobald wir eine gute Idee hätten und wüssten, was zu tun wäre. Ich forderte sie auf, sich wieder bei mir zu melden, sobald sie eine interessante Idee habe.

Bereits am nächsten Morgen stand sie bei mir vor der Tür. Sie war sichtlich aufgeregt. „Ich weiss, was fehlt! Viele Kinder und Eltern hier brauchen Kleider für die verschiedenen Jahreszeiten. Einerseits gibt es Familien, die wissen nicht wohin mit ihren alten Sachen. Andererseits haben wir viele Familien im Schulhaus, die zu wenig Geld haben, um wettergerechte Kleidung für ihre Kinder zu kaufen.“ Wow, diese Idee gefiel mir! Wie oft waren Lehrpersonen zu mir gekommen, weil ein Kind über längere Zeit keine Hausschuhe, kein Turnzeug, keine Badekappe dabeihatte. Nach langen unangenehmen Gesprächen mit den Eltern hatte sich meistens herausgestellt, dass das Geld fehlte. Es musste bis zum nächsten Monat gewartet werden, bis der neue Lohn kam oder das Geld aus der Wirtschaftshilfe.

Dies war der Anfang eines wunderbaren Projekts. Ich konnte der Mutter einen Schrank in einem Gang des Schulhauses organisieren. Alle Eltern der Schule sowie die Lehrpersonen wurden um Kleider gebeten, die nicht mehr benötigt wurden. Die Eltern wurden von den Lehrpersonen über die Öffnungszeiten unseres Hol- und Bringschranks informiert. Die Lehrpersonen waren begeistert von diesem neuen Projekt. Es entlastete sie von einer ihrer Alltagssorgen: den fehlenden Utensilien ihrer Schüler. Weit mehr noch, sie konnten etwas für ihre Klassen tun, sie konnten die Kleidung, welche zu Hause nicht mehr gebraucht wurde, den Kindern des Schulhauses weitergeben. Alle waren Pina für ihre Projektidee dankbar!

Aber niemand hatte damit gerechnet, wie viel Arbeit dieses Projekt nun tatsächlich bedeutete. Die Wäsche, die kam, musste gewaschen, aussortiert, zusammengelegt und registriert werden. Es wurden nicht nur brauchbare Kleidungsstücke abgegeben. Einmal stand z.B. ein Sack voll Reizwäsche vor dem Schrank. Die Kleidersammlung brachte neue Einblicke in das Schulhaus und seine Familien. Nicht anders erging es uns mit dem Verleih. Zu den festen Öffnungszeiten für das Vergeben der Kleider erschien niemand. Wir merkten, dass es so nicht funktionierte. Wir überlegten, weshalb die Leute den Weg zum Schrank nicht fanden. Bis Pina auf die Idee kam und anbot, ihre Telefonnummer allen Kindern vom Schulhaus zu geben. Sie schlug vor, einzelne Termine zu machen. Jeder durfte mit ihr einen Termin vereinbaren und sich Kleider aussuchen, ohne dass es andere mitbekamen.

Dies bedeutete seitens der Schule einen nächsten Schritt des Vertrauens. Die Eltern wollten nämlich meistens ihre Kleider am Wochenende oder am Abend aussuchen. Während der Schulzeit waren sie bei ihrer Arbeit oder sie wollten nicht, dass andere sahen, dass sie auf die Kleiderspenden angewiesen waren, weil sie sich dafür schämten. Älteren Kindern war es unangenehm, wenn ihre Mutter oder der Vater zum Hol- und Bringschrank kamen, während ihre Klassenkameraden es mitbekamen. Die Lehrerschaft und allen voran die Schulleitung mussten nun einen weiteren Schritt in Richtung Öffnung der Schule machen. Es lag an ihnen, Vertrauen den Eltern gegenüber zu zeigen, Pina einen Schlüssel für das Gebäude zu überreichen und allen Eltern, ohne zu wissen wem genau, das Vertrauen zu schenken, dass nichts abhandenkommt oder beschädigt wird, wenn Familien, eine Mutter oder ein Vater sich auch ausserhalb der Schulzeit im Schulhaus aufhielten. Die Beziehungen der Lehrpersonen zu Pina im Speziellen, aber auch zu allen anderen Eltern, veränderten sich in dieser Zeit beachtlich. Auf die Kinder hatte dies ebenfalls einen unerwarteten positiven Einfluss. Auch wenn die Termine im Geheimen stattfanden, fiel es den Kindern auf, dass die Eltern nun auch einen Bezug zum Schulhaus hatten. Das Verhältnis Kinder-Schulhaus änderte sich hierdurch, das Verhältnis Lehrpersonen-Eltern wurde erweitert. Es kam auch vor, dass einzelne Lehrpersonen und Betreuungspersonal des Hortes Kleider vom Schrank bezogen, aus einer Notlage heraus oder einfach aus Spass. Dadurch erweiterte sich die Beziehung Eltern-Lehrerschaft über die übliche Eltern-Lehrer-Beziehung mit ihrem Hierarchiegefälle hinaus. Das Zusammenleben steht im Fokus und nicht nur die einseitige Bewertung durch die Lehrer, was hinsichtlich der Umstellung der Schulen in Tagesschulen hohe Relevanz hat. Denn die Tagesschule wird zum Lebensraum der Kinder und damit auch der Eltern. Sogar die Beziehung von Pina zur Lehrerin ihres Sohnes wurde durch das Projekt entlastet. Die Lehrerin war begeistert von der Idee und sah darin Pinas Leistung. Auch ihr Sohn profitierte davon.

Er schloss dadurch nicht automatisch Freundschaften, dafür musste er noch einige Stunden mit mir im Büro zusammenarbeiten. Wie trainierten, wie man mit Freunden umgeht. Er konnte viel von seiner Mutter lernen! Und auch die anderen Kinder halfen ihm dabei. Sie öffneten sich und waren bereit, ihm eine Chance zu geben, die er gerne annahm. Im Frühjahr bestand er die Aufnahmeprüfung für das Gymnasium. All die weiteren Jahre kam er leistungsmäßig gut im Gymnasium mit, er brillierte sogar mit ausgezeichneten Noten. Seine Mutter legte das Projekt der Mitarbeit der Eltern aus unserem Schulhaus auch im Gymnasium vor und organisierte zwei Mal im Jahr einen Pausenkiosk mit Unterstützung weiterer Eltern. Die Lehrerschaft zeigte dort ebenfalls grossen Respekt für Pina.

Doch Pinas Engagement ging noch weiter. Sie hatte sich einen guten Namen gemacht, weit über unser Schulhaus hinaus. Immer unterwegs, um jemandem den Kleiderschrank zu öffnen. So war es für mich nicht schwierig, ihr einen guten Job im Hort zu vermitteln. Endlich war sie an ihrem Ziel angelangt. Sie konnte arbeiten und wurde dafür bezahlt. Jetzt war Pina eine geschätzte Person, für sich, ihren Mann und ihre Familie. Sie war offiziell in die Schweizer Gesellschaft integriert. Bald darauf fand ihr älterer Sohn eine Arbeitsstelle und ihr jüngerer Sohn einen guten Freund. Pina leitete noch jahrelang den Hol- und Bringschrank. Sie half damit einigen Hunderten von Familien.

4.3 Vorwärts kommen bedeutet, den neuen Möglichkeiten mehr Aufmerksamkeit zu schenken als dem Erlebten

Indem ich versuche, die Umstände zu verändern, sind die Chancen, dass das auffällige Verhalten sich dann ebenfalls ändert, meiner Erfahrung nach überraschend gross. Aber nur zu gerne spielt einem das eigene Narrativ einen Streich. Es zieht die eigenen Werte und Emotionen nach sich, die man sich im Laufe der Zeit im persönlichen Leben, im eigenen Kulturkreis angeeignet hat. Daher hat das persönliche Narrativ, welches einen intensiv prägt durch die eigene Sinnfindung, auch starken Einfluss darauf, wie man der Umwelt begegnet und sie wahrnimmt. Professionelle der Sozialen Arbeit müssen daher auf der Hut sein, ansonsten verpassen sie dabei die Realität des Klienten und verirren sich in ihren Übertragungen. Leicht geschieht es auch, dass sie von Themen, die gerade aktuell sind und in den Medien oft erwähnt werden, beeinflusst sind. Eigentlich ist die Lösung viel naheliegender und einfacher: Sich Zeit nehmen und aktiv zuhören, Informationen sammeln, ist entscheidend. Die Eltern, denen wir Schulsozialarbeitende in unserem Büro begegnen, sind meist Menschen mit chronischen Problemlagen. Oft sind wir nicht die erste Person, die ihnen gegenübersitzt und ihnen professionelle Hilfe anbietet. Die Themen der Eltern sind schwierig, es geht um Scham, Ehre, Stolz und Liebe. Nicht selten stellt sich für sie die Frage, wie es möglich ist, nach einer selbst erlebten Demütigung unbefangen und unvoreingenommen mit dem eigenen Kind umzugehen. Genau dies ist ein heikler Punkt für uns Professionelle, wir dürfen uns nicht von den Eltern „anstecken" lassen. Und umgekehrt dürfen wir die Eltern, ihre Geschichten, die Familie auch nicht vernachlässigen, wenn wir den ganzen Kontext, in dem das Kind aufwächst, verstehen wollen.

Die Probleme der Eltern sind nicht die Probleme ihrer Kinder. Ihre Kinder haben andere Erfahrungen und Bedingungen als ihre Eltern. Migration, Flucht, Krieg, Auswanderung, nicht zu Hause bei den Eltern aufwachsen können, Armut und Isolation hinterlassen ihre Spuren und viele dieser Eltern leiden an Krankheiten, physischer oder psychischer Natur. Natürlich leiden ihre Kinder auch darunter, aber sie sind nicht krank! Sie haben viele gesunde Anteile in sich, sie sind noch ganz jung und können anders geformt werden, wenn man sie unterstützt und es fertigbringt, die Eltern zu überzeugen.

Fallbeispiel Laila

Ich lernte Laila kennen, als sie in der 4. Klasse war. Sie fehlte viel in der Schule. War immer wieder krank, hatte Bauchschmerzen oder andere Unpässlichkeiten. So kam es, dass der Lehrer sich an mich wandte. Außerdem zeigte Laila schwache schulische Leistungen. Sie hatte grosse Schwierigkeiten beim Lernen und sie musste viel mehr Zeit investieren als andere Kinder in ihrer Klasse, um das gleiche Ziel zu erreichen. Ansonsten war sie aber ein fröhliches Kind. Laila lebte bei der Tante ihrer Mutter. Die leibliche Mutter hatte psychische Probleme und konnte sich nicht regelmässig um das Kind kümmern. Trotz ihrer Probleme war sie erfolgreich und fand dennoch eine Arbeitsstelle. Sie hatte eine eigene Wohnung in Zürich, jedoch in einem Quartier, das weit von dem von Laila entfernt war. Sie lebte allein, war aber oft bei ihrer Tante zu Besuch. Die Tante lebte mit ihrem Mann zusammen. Dieser war krank und pflegebedürftig. Der Onkel und die Tante von Lailas Mutter kümmerten sich täglich und vollumfänglich um Laila, besassen jedoch keinen Pflegeelternvertrag. Es basierte alles auf mündlichen Absprachen. Rechtlich war nichts festgelegt, was die Situation nicht vereinfachte. Über den Vater von Laila konnte ich im Vorfeld nichts erfahren. Er war der Schule nicht bekannt.

Nachdem die Lehrperson von Laila mir gegenüber ihre Sorgen äusserte, wollte ich das Mädchen kennenlernen. Ich vereinbarte mit ihr einen Termin. Das Mädchen wollte nicht ohne die Tante ihrer Mutter zu mir kommen. Für mich war dies in Ordnung und so lud ich beide ein. Im Verlauf des Gespräches stellte sich heraus, dass das Mädchen so sehr an dieser Tante hing, dass diese sich nicht mehr allein fortbewegen konnte. Laila liess sie nicht aus den Augen, zumindest musste die Tante immer in Hörweite sein. Selbst wenn sie in die Waschküche ging, begleitete das Kind sie auf Schritt und Tritt. Sobald die Tante sich nicht mehr in der Wohnung befand, verfiel das Mädchen in Panik. Zuhause gab es einen Kater, der Laila manchmal dabei half, sich für kurze Zeit von der Tante zu lösen, ohne dabei in Panik zu geraten. Selbst ihren Schulweg konnte Laila, obwohl in der 4. Klasse, noch nicht selbstständig und ohne Begleitung der Tante bewältigen. Nur in der Schule verweilte das Mädchen ohne die Tante. Aber sie fehlte immer häufiger, weil sie sich morgens nicht von der Tante trennen wollte und sich in der Schule krankmeldete. Das Lebensumfeld des Mädchens wurde immer enger und enger und ebenso fühlte sich die Tante eingeengt. Sie beklagte sich bei mir darüber, dass sie keinen Freiraum mehr habe, nichts spontan unternehmen könne oder sich einfach frei bewegen dürfe.

An diesem Punkt begann ich mit meiner Arbeit. Wir vereinbarten wöchentliche Gespräche zu dritt. Die Tante und Laila mussten zu meinen Terminen kommen und ich akzeptierte keine Entschuldigungen, weshalb diese Termine ausfallen sollten. Selbst wenn das Kind sich zuhause krank fühlte, Bauchweh oder Kopfschmerzen hatte, konnte der Termin nicht abgesagt werden. Zum Glück war der Leidensdruck der Tante gross genug, so dass sie meinen Anweisungen Folge leistete und die beiden tatsächlich wöchentlich eintrafen. Es ging nicht lange, bis wir in unseren Gesprächen an einen heiklen Punkt gelangten. Laila war es in der Schule oft peinlich, wenn alle Kinder außer ihr den Stoff begriffen hatten. Es brauchte nicht einmal das laute Auslachen der anderen, sie spürte ihre Scham von selbst. Zusätzlich hatte sie vermehrt Angst um die Tante. Sie stellte sich immer wieder vor, es würde ihr etwas passieren. Sie hatte auch Angst vor einem Hund in der Nachbarschaft, mit dem irgendwann einmal etwas passiert war. Genaues konnte sie mir nicht erzählen.

Bei unseren nicht gerade einfachen Gesprächen kamen viele Erziehungsfragen auf. Ich konnte erkennen, dass die Tante Laila sehr verwöhnte. Gleichzeitig erkrankte ihr Ehemann schwer. Die Tante konnte nicht einschätzen, wie bedrohlich diese Krankheit in Wirklichkeit war. Ihr war alles zu viel, aber die Frage, ob sein Leben bedroht war, lag in der Luft. Ebenfalls war es für die Tante – und somit auch für das Mädchen – ungewiss, ob ihr eigener Bewegungsraum durch diese Krankheit noch stärker eingeschränkt wurde. Da es in dieser Familie viele Probleme gab, war es schwierig, immer wieder auf die konkreten Probleme des Mädchens mit dem Fokus Schule zurückzukommen. Dann ergab sich ein glücklicher Zufall.

In der Parallelklasse gab es ein Mädchen, Viola, das nicht gerne zur Schule ging. Sie hatte eine ältere Schwester mit Beeinträchtigungen, die täglich von der Mutter in eine spezielle Schule gefahren wurde. Überhaupt bekam diese zuhause aus Sicht des Mädchens sehr viel Aufmerksamkeit von der Mutter. Die Mutter begleitete die ältere Schwester häufig zur Therapie. Viola äusserte Neid und ich spürte bei ihr Gefühle, die sie überforderten und verwirrten. Die schulischen Leistungen dieses Mädchens waren schlecht. Die Lehrpersonen meinten, eigentlich könnte sie es besser, sie schöpfe jedoch ihr Potenzial nicht aus. Dem Mädchen schien es überhaupt nicht klar zu sein, dass man in der Schule etwas durch Lernen erreichen kann. Erst durch unsere Gespräche verstand ich, dass sie selbst überzeugt war, sie könne wie ihre grosse Schwester nur ganz schwer Neues lernen. Zuhause brachte ihr niemand ein sinnvolles Lernverhalten bei. Alles wurde an Spezialisten delegiert und führte nur zu mässigem Erfolg. Die Beeinträchtigungen ihrer Schwester waren durch die Therapien nicht ganz zu beheben. Viola stellte sich vor, sie sei mit dem gleichen Schicksal konfrontiert. Als mir der Fall Viola zugewiesen wurde, hatte ich bereits sehr viele Aufträge von Kindern, so dass es mir unmöglich war, einen regulären freien Termin für sie zu finden. Da mir ihre Begleitung jedoch dringend erschien, empfing ich Laila und Viola gleichzeitig. Ich war mir unsicher in meinem Vorhaben, aber es war mir doch lieber, als eine von beiden auf die Warteliste zu setzen. Und zu meiner Freude stellte sich heraus, dass das Zusammenführen einen riesigen Gewinn für alle bedeutete!

Zuerst fragte ich die beiden Mädchen um Erlaubnis, sie miteinander treffen zu dürfen. Für sie war es kein Problem, im Gegenteil, sie sahen es eher als Vorteil, nicht mit mir allein im Büro zu sitzen, zu plaudern oder zu spielen. Als ich auch die Eltern und anderen Bezugspersonen fragte, war etwas Unsicherheit zu spüren, aber alle vertrauten darauf, dass ich schon wisse, was ich tue. Für mehr Transparenz trafen wir uns die ersten zwei Wochen gemeinsam mit den Kindern und ihren Bezugspersonen (Eltern bzw. Tante). Es war sehr interessant. Ich liess die Kinder sich selbst gegenseitig vorstellen und ihre Probleme beschreiben. Beide Mädchen sprachen davon, große Angst zu haben und beschrieben diese Ängste sehr konkret. Zum Beispiel erzählte die eine, sie fürchte sich, in ihr Kajütenbett zu steigen, da sie das Gefühl habe, jemand wolle sie am Bein herunterziehen. Die andere erzählte, wie viel Panik sie habe, wenn sie die Tante aus den Augen verliere. Und beide fürchteten den Hund in der Nachbarschaft.

Anschliessend traf ich die Mutter von Viola alleine. Sie war sehr erstaunt, dass ihre Tochter nicht davon sprach, wie wenig Zeit sie für sie habe. Sie als Mutter habe ein schlechtes Gewissen, da sie immer mit der Schwester unterwegs sei, aber sie wisse nicht, wie sie es anders regeln könne. Auch die Tante von Laila traf ich allein. Sie zeigte sich genauso erstaunt, dass nur die Ängste thematisiert wurden. Wir vereinbarten, zunächst mit den Mädchen alleine an ihren Ängsten zu arbeiten und liessen es zu diesem Zeitpunkt offen, ob zu einem späteren Zeitpunkt Sitzungen mit den Erwachsenen zusammen stattfinden sollten. Alle Erwachsenen schienen erleichtert zu sein, nicht jede Woche bei mir erscheinen zu müssen. Ich hatte das Gefühl, sie hatten von meiner Seite Kritik an ihrer selbst gewählten Lebensform erwartet und waren nun beruhigt, dass ich zumindest vorläufig davon absah.

Der nächste Schritt bestand darin, wöchentliche Sitzungen mit den beiden Mädchen abzuhalten. Erstaunlicherweise erschienen immer beide. Auch wenn sie sich am selben Morgen in der Schule krankgemeldet hatten, kamen sie trotzdem zu unseren Treffen und danach gingen sie unerwarteterweise in ihre Klassen zurück. Bereits dies sah ich als Erfolg und meldete es der Tante, den Eltern, den Lehrpersonen und dem Hort zurück. Die Lehrpersonen und Hortmitarbeitenden waren zwar nicht so angetan wie ich von diesem ersten

Schritt in die richtige Richtung, aber ich merkte, dass die Mädchen sich auf unseren gemeinsamen Weg eingelassen hatten und nun vorwärtsgingen. Sie gaben mir eine Chance und ich nahm sie dankend an. Wir hatten einige Treffen, bei denen die Mädchen sich immer besser kennenlernten und Vertrauen zueinander schöpften. Es war für sie neu, mit einer Kollegin oder Freundin so offen über das Wesentliche – die Angst – zu sprechen. Aber wir taten dies zu dritt, und anschliessend spielten wir noch miteinander. Wir hatten Spass. Mit der Zeit merkte ich, dass die beiden Mädchen anfingen, auch privat viele Dinge gemeinsam zu unternehmen. Sie trafen sich täglich. Sie fingen an, gemeinsam in die Schule zu gehen, was der Tante grosse Erleichterung und Zeit für ihren Gatten brachte. Die Freundschaft hatte die positive Nebenwirkung, dass die Mädchen vermehrter und regelmässiger in die Schule kamen. Die Lehrpersonen zeigten sich zufrieden.

Mein weiteres Vorgehen bestand darin, Aktivitäten zu suchen, bei denen sie sich sicher fühlten. Es war nicht ganz einfach, eine für beide angstfreie Tätigkeit zu finden. Beide waren sehr schwache Schülerinnen. Schliesslich fanden wir heraus, dass Babysitten eine Tätigkeit war für die beide nur gute, sichere Gefühle hatten. Dank der nahen und intensiven Zusammenarbeit mit den Lehrpersonen dieser Mädchen konnten sie in der Schule lernen, wie man eine kleine Bewerbung schreibt, um einen Job als Babysitter zu erhalten. Seit langer Zeit war dies wieder das erste Mal, dass die zwei Mädchen im Schulzimmer an etwas arbeiteten. Sie gestalteten Flyer für das Babysitten und sie hatten Spass dabei. Sobald die kleinen Plakate fertig waren, hängten wir sie in den verschiedenen Lebensmittelläden im Quartier auf. Die Anfragen kamen schnell und Laila und Viola waren voller Begeisterung für ihre neue Tätigkeit. Ihre bisherigen Ängste interessierten sie nicht mehr. Sie wollten alles unternehmen, damit ihr Babysitter-Job auch wirklich gut ins Laufen kam. Ich meldete die beiden für einen Babysitter-Kurs im Roten Kreuz an. Beide waren begeistert und die Eltern nicht weniger. Sie erkannten ihre Kinder nicht mehr, so gewissenhaft und voller Energie – das war etwas Neues für die Eltern von Viola und die Tante von Laila. Die Schule erkannte den Eifer dieser Mädchen und war auf meinen Ratschlag hin auch schnell bereit, derartige kleinere Projekte für diese zwei Mädchen und andere Kinder, welche schulmüde oder stark vom Stoff überfordert waren, durchzuführen. Eine Heilpädagogin der Schule übernahm diese neue Aufgabe einmal wöchentlich in einer Doppelstunde. Die Gruppe backte Brot, strickte Säuglingskleidung und vieles mehr. Die Mädchen vergassen ihre Ängste und lernten, den Schulalltag altersgerecht zu bewältigen.

Das Thema Angst liess ich auf sich beruhen. Sie selbst interessierten sich jetzt nicht mehr dafür. Eine der beiden war wegen ihrer Ängste schon früher in Therapie gewesen. Es waren dabei mehrere problematische Situationen aus ihrer Vergangenheit beleuchtet worden. Aber ich merkte, dass die Mädchen in ihrem Leben nun anderweitig beansprucht waren und weiterkommen und vorwärts gehen wollten. Ich hatte ihnen dazu die Möglichkeit geboten, die sie ergriffen hatten. Ich erkannte: Manchmal hilft es, ein zu oft besprochenes oder zu schwieriges Thema beiseite zu lassen und neue, lustbetonte Bereiche für die Klienten zu erschliessen. In diesen neu erschlossenen Bereichen kann das betroffene Kind seine gesunden Stärken anwenden und kommt somit einen Entwicklungsschritt weiter, was ihm dann rückwirkend auch wieder bei der ursprünglichen Problemstellung weiterhilft. Wie z.B. hier in meiner Fallgeschichte. Indem ich diese beiden Mädchen zusammengeführt habe, habe ich sie von dem die Familie belastenden Problem zu ihrem ganz persönlichen, dem Problem der Isolation, geführt. Dieses Problem, welches ihr eigenes war, war für sie lösbar.

4.4 Mousse au Chocolat

Wenn es nicht kaputt ist, reparier' es nicht;
Wenn etwas nicht funktioniert, mach' es nicht noch einmal.
Mach' etwas ander(e)s;
Wenn etwas funktioniert, mach' mehr davon.
(Berg/Lee)[37]

Nicht immer ist das Problem, welches uns der Klient vorsetzt, auch wirklich das Problem, welches es zu lösen gilt. Hierzu fällt mir das Bild des Fasses voll Wasser ein, das nur noch den letzten Tropfen braucht, um überzulaufen. Dieser letzte Tropfen ist aber nicht zwingend der Grund für das Überlaufen. So verhält es sich auch mit schwierigen Situationen. Nicht immer ist das Problem, mit welchem uns der Klient konfrontiert, ausschlaggebend für dessen Überforderung.

Hier ein kleines, einfaches Beispiel aus dem Alltag: Ein Junge, Burak, kam von sich aus zu mir ins Büro und bat um Hilfe. Er war nach der Turnstunde von einem Mädchen provoziert worden, obwohl er ihr gar nichts getan habe. Das Mädchen, Eden, komme aus Somalia und sei dunkelhäutig. Er habe sie „Mousse au Chocolat" genannt, aber da dies ein anderer Junge ebenfalls tue, verstand er nicht, weshalb sie so wütend auf ihn war. Wie immer bei einer

37 Berg/Lee (2009), S. 16f.

Konfliktlösung versuchten wir sofort, Eden auf dem Pausenplatz zu finden. Es war mir wichtig, ihre Darstellung der Geschichte zu hören. Wir fanden Eden, die gerne zu mir kam, weil auch sie der Streit bedrückte. Sie gab zu, den anderen Jungen provoziert und geschlagen zu haben, weil er sie beleidigt habe. Zuerst gab sie sich überzeugt, ihre Wut rühre daher, dass er sie mit dem Spitznamen „Mousse au Chocolat“ gefoppt habe. Während ihrer Erzählung wurde jedoch immer klarer, dass der Frust, die Beleidigung einen anderen Grund hatte. Im Turnen gewannen in letzter Zeit immer die Jungs beim Völkerball. Heute hatte der Lehrer den Mädchen indessen eine extra Chance gegeben, die Buben zu besiegen, indem nur die Mädchen die Jungs mit dem Ball abknallen durften. Die Buben hatten keine Schussmöglichkeit. Es gab jedoch zwei Jungen, die trotz dieser neuen Bedingungen bis zum Schluss der Stunde von den Mädchen nicht erwischt wurden. So kam es, dass die Mädchen und eben auch Eden gereizt in die Pause gingen. Die Jungs schienen unbesiegbar! Eden brauchte nur den kleinsten Anlass, um ihre Wut zu äußern. Sie verriet mir sogar, sie möge eigentlich ihren Spitznamen. „Mousse au Chocolat“ sei ihr Lieblingsdessert, auf dem Klassenlager habe sie es für die ganze Klasse zubereitet. Es sei ein Hit gewesen, alle mochten es! Aber das ewige Verlieren und erst gar keine Chance zu haben, verletzte sie und machte sie traurig. Eine Versöhnung war nach dieser Entdeckung einfach. Das wirkliche Problem konnte anschliessend im Klassenrat schnell gelöst werden. Die „Supersportler“ der Klasse – Burak meldete sich als Erster – waren bereit, in der kommenden Woche in der Mädchenmannschaft mitzuspielen.

Der Fall zeigt, wie überaus wichtig es ist, dass wir, die Professionellen, dem Klienten genau zuhören und nicht selbst entscheiden, was das Problem ist. Zunächst stand für mich natürlich das Rassismus-Problem im Vordergrund. Ich war schockiert! Aber als ich die Geschichte der Kinder hörte, merkte ich, dass es den Kindern um etwas ganz anderes ging. Meine Aufgabe war es, das Problem der Kinder zu erkennen. Das Rassismus-Problem musste zu einem anderen Zeitpunkt überprüft werden, falls es tatsächlich eines gab. War der Spitzname Ausdruck von Rassismus? Oder war er eher ein Lob für das feine Dessert im Klassenlager? Vielleicht war es sogar mein eigener Gedanke, Eden und „Mousse au Chocolat“ rassistisch mit ihrer Hautfarbe zu assoziieren. Jedenfalls hätte ich mit der üblichen Rassismus-Perspektive den Konflikt dieser Kinder nicht lösen können, da das Problem anderswo lag.

4.5 Liebe ist Verantwortung eines Ich für ein Du[38]

Die Arbeit mit den Kindergartenkindern ist viel weniger verbal als mit den Schulkindern. Meine gängigen Instrumente musste ich kreativ ersetzen durch neue Ideen. Es ist erstaunlich, um wie viel schneller Veränderungen bei Kindergartenkindern zu erreichen sind als bei Älteren. Möglicherweise liegt es daran, dass bei kleinen Kindern die Motivation der Eltern zur Zusammenarbeit noch viel stärker ausgeprägt ist oder dass die Entwicklungsmöglichkeiten noch grösser sind als bei den älteren, so dass selbst eingefahrene Verhaltensmuster ziemlich einfach geändert werden können, wie z.B. ihre Freude am Lernen und Mitmachen.

Wenn ich bei Problemen mit Kindergartenkindern angefragt werde, arbeite ich oft nach der Attachement Theory. Ihr Grundgedanke wird von Alicia F. Lieberman wie folgt beschrieben:
"The basic premise of attachment theory is that children can grow into autonomous and competent children only if they can feel safe and protected. This means the intense need that all children in the first years of life have for a close relationship with the mother and a small number of cherished adults. From this basic feeling of security grows the impetus to try out new skills and learn how things work in the world."[39]

Haim Omer nimmt ein Teil dieser Theorie in seinen Werken ebenfalls auf. Er spricht in seinen Büchern *„Autorität ohne Gewalt"*[40] und *„Stärke statt Macht"*[41] von der Wichtigkeit der elterlichen Präsenz und erweitert diese auf das Schulhaus, wobei es dann um Erwachsenen-Präsenz geht. Seine Bücher befassen sich ausführlich mit der Schulsituation und dem Zusammenspiel von Eltern-Kinder-Schule. Lieberman und Omer stellen dar, wie Veränderungen mit Hilfe aufmerksamer Präsenz der Bezugspersonen tatsächlich möglich sind. Sie beschreiben, wie wichtig es für die Kinder ist, sich sicher und geschützt zu fühlen. Von diesem Grundgefühl der Sicherheit aus wächst der Wunsch, Neues auszuprobieren und zu verstehen, wie die Welt funktioniert.

Kinder sind im Entstehen. Sie sind nicht fertig. Aber Erwachsene müssen bereit sein, ihnen Sicherheit durch Präsenz und Verlässlichkeit zu geben. Wir sind verantwortlich, ihnen und uns den Raum dafür zu schaffen. Wir Erwachsene sollten uns immer wieder erlauben, von Neuem auf unsere Kinder zuzugehen. Vor allem in Situationen, die uns verfahren scheinen und

38 Buber (1983), S. 22.
39 Lieberman (1995), S. 2.
40 Omer (2002).
41 Omer (2010).

das unbefriedigende Verhaltensmuster der Kinder sich ständig wiederholt, sollten wir versuchen, das Kind anders, neu zu verstehen. Wir sollten ihm nochmals Zeit, Präsenz und unsere Aufmerksamkeit schenken. Gerade dann ist es wichtig, von Neuem Nähe und Distanz nach dem *Bedürfnis des Kindes* auszurichten, und das Kind ins Zentrum unserer Entscheide, Planungen und unseres Handelns zu stellen. Auf diese Art werden wir erleben, wie unsere Kleinen sich ändern und die Situationen neu bewältigen können. Weiter ist im Buch von Alicia F. Lieberman zu lesen, wie Veränderungen über die emotionale Verknüpfung, emotionale Partnerschaft, zwischen Eltern und Kind, tatsächlich möglich wird.
"Emotional partnership between parent and child means the supportive function of the parent becomes a part of the child. *External secure base becomes internal.*"[42]

Nach der Attachment Theory zeigen Kinder zwei aufeinanderfolgende verschiedene Bedürfnisse, nämlich das anhängliche Verhalten in der ersten Lebensphase und das erkundungsfreudige, entdeckerische Verhalten in einer zweiten Phase. Das anhängliche Verhalten bringt das Kind näher zu seiner ersten Bezugsperson, wo es Sicherheit und Geborgenheit sucht. Erst in dem Moment, in dem dieses erste Bedürfnis des Kindes soweit befriedigt ist, dass es das Schutz- und Sicherheitsgefühl, welches die Eltern ihm spenden, auch verinnerlichen konnte, ist der Übergang in die zweite Phase möglich. Das entdeckerische, erkundungsfreudige Verhalten in der zweiten Phase entfernt das Kind von seiner Bezugsperson und das vordringlichste Interesse dieses Kindes ist der Wunsch, Neues auszuprobieren, d. h. ideal für den Schulalltag oder den Start in den Kindergarten. Fehlt der vorherige Schritt der Internalisierung von Sicherheit jedoch, kann von ihm nicht erwartet werden, sich von seinen Eltern zu lösen und seiner Neugier auf Neues Platz zu machen.

Beim Eintritt in Kindergarten und Schule erwarten wir, dass das Kind das entdeckerische Verhalten zeigt. Aber dem ist leider nicht bei jedem Kind so. Zumal in den letzten Jahren das Alter der Kinder beim Kindergarteneintritt immer wieder gesenkt wurde. Bei einigen Kindern gilt es, noch weit über den Kindergarteneintritt hinaus, die Nähe zur ersten Bezugsperson nachzuholen, damit es schliesslich die Sicherheit und das Vertrauen mitbringt, um für den Kindergarten und die Schule fit zu sein. In diesem Zusammenhang können die grossen Meilensteine in der Entwicklung des jungen Kindes wie Toilettentraining, Abschiednehmen von den Eltern vor dem Kindergartentor, verschiedene Ängste, wie die vor dem Getrenntwerden (Übergänge) und Schlafstörungen, besser verstanden werden.

---

42 Lieberman (1995), S. 7–8.

Sobald wir das Bedürfnis des Kindes erkennen, ist es wichtig, eine Balance zwischen den Bedürfnissen der Eltern und denen des Kindes zu finden, die für beide Seiten zufriedenstellend ist. Diese Balance muss erarbeitet werden. Wenn man sie gefunden hat, löst sich die Blockade und es ist eine Weiterentwicklung möglich.

Ich als Schulsozialarbeiterin kann diese Veränderungen aber nicht allein bewirken, sondern brauche die Eltern. Sie müssen dazu bereit sein, auf das Bedürfnis ihres Kindes einzugehen, Zeit und aktive Präsenz zu schenken. Genau an diesem Punkt setzt die Theorie von Haim Omer ein, der die aufmerksame Präsenz aller Erwachsenen, die sich um ein Kind gruppieren, fordert. Dies betrifft Lehrpersonen, Kindergartenpersonal, Heilpädagogen, Hortmitarbeitende und, falls vorhanden, Tagesmütter. Sie machen die Hauptarbeit. Sie sind die täglichen Spieler im Umfeld des Kindes. Minute um Minute, Stunde für Stunde, Tag für Tag sind sie mit dem Kind in Kontakt. Mit jeder Reaktion nehmen sie Einfluss; ihre Einstellung zum Kind manipuliert das Kind in diese oder in die andere Richtung. Ebenso entscheidend ist die Einstellung der Schulleitung. Es ist unumgänglich, dass sie ihre Mitarbeitenden in diesem Prozess unterstützt und die Kapazität hat, den positiven Verlauf desselben anzuerkennen. Das Selbstwertgefühl des Kindes wird von der Zuneigung der Eltern bestimmt, von ihnen möchte es geliebt werden. In diesem Bereich „herrschen" sie allein, mächtig wie kein anderer im Leben ihres Kindes. Hervorzuheben ist dabei, dass das Kind die Menge der Zuneigung nicht mit dem Mass der Eltern, sondern nach seinem eigenen Bedürfnis misst.

Sobald das Kind gesättigt ist an Aufmerksamkeit und Liebe und sich somit sicher und geschützt fühlt, findet es seine Lebensfreude wieder. Nun ist es motiviert, sich zu verändern, denn es ist interessiert, sich die Liebe der Eltern auch weiterhin zu sichern. Es merkt, wenn es die Eltern glücklich macht, bekommt es seine positive Aufmerksamkeit.

Fallbeispiel Serkan

Serkans Schwierigkeiten begannen mit seinem zweiten Kindergartenjahr[43]. Für dieses zweite Jahr wurde er zusammen mit einem anderen Kind einem neuen Kindergarten zugeteilt. Er war also nun in einem anderen Kindergarten, an einem neuen Ort, mit neuen Kindern und zwei neuen Kindergärtnerinnen. Zu dieser Zeit war ich krankheitsbedingt nicht im Schulhaus und deshalb nicht anwesend, als sich herausstellte, dass Serkan gar nicht bereit war für diesen neuen Kindergarten. Er verweigerte sich, war sehr laut und lief davon. Da sein Verhalten nach den Sommerferien im neuen Kindergarten immer schwieriger wurde, bekam ich eine Anfrage von der Schule, ob ich den Fall nicht übernehmen könnte. Obwohl ich noch krankgeschrieben war, nahm ich an der entscheidenden Sitzung mit der Schulpsychologin, den Kindergärtnerinnen, den Heilpädagogen und der Schulleitung teil. Thema der Sitzung war die weitere Beschulung von Serkan. Wir arbeiteten alle schon länger zusammen, ich genoss das Vertrauen aus früheren Erfahrungen und so willigten die Schulleitung, der Schulpsychologische Dienst und die Lehrerinnen ein, dass ich erst mit Serkan und seiner Familie arbeiten durfte, bevor entschieden wurde, wie das Kind weiter beschult werden sollte. Die Möglichkeit einer Sonderbeschulung lag auf der Hand.

Zunächst besuchte ich Serkan mehrmals im Kindergarten. Ich konnte mir nicht vorstellen, was mit einem Kind passiert war, das im ersten Kindergartenjahr nicht besonders auffiel, jedenfalls nicht so stark, dass es bei mir gemeldet worden wäre, und jetzt im zweiten Kindergartenjahr überhaupt nicht mehr tragbar war. Die einzige Erklärung schien mir, dass in seinem Leben etwas vorgefallen sein musste, dass er uns nicht mitteilen konnte und das zu verarbeiten er selbst nicht fähig war. Um mehr über ihn und seine Lebenssituation zu erfahren, vereinbarte ich zusätzlich zu den Besuchen im Kindergarten drei Termine mit der Mutter. Wie sich herausstellte, sollte Serkan seit diesem zweiten Kindergartenjahr nun neu auch den Hort[44] besuchen an vier Tagen in der Woche, nicht nur am Nachmittag nach Unterrichtsende, sondern auch schon frühmorgens um 7 Uhr bis zum Unterrichtsbeginn um 8 Uhr

---

43 In der Stadt Zürich ist der Besuch des Kindergartens unentgeltlich und seit dem Schuljahr 2008/09 obligatorisch. Der Kindergarten dauert zwei Jahre. Der Eintritt in den Kindergarten ist ein wichtiger Schritt im Leben jedes Kindes. Die Kinder lernen auf der Kindergartenstufe mit allen Sinnen. Es findet ein fliessender Übergang vom lernenden Spielen zum spielerischen Lernen statt. Zusätzlich zum freien Spiel gestalten die Lehrpersonen am Kindergarten Lektionen, die vielfältige Lernprozesse auf Grundlage des kantonalen Lehrplans ermöglichen (https://www.stadt-zuerich.ch/ssd/de/index/volksschule/kindergarten.html).

44 In der Stadt Zürich hat jedes Kind mit Bedarf Anrecht auf einen Betreuungsplatz im Hort. Die Öffnungszeiten des Hortes sind von 7 Uhr morgens bis 18 Uhr abends. Die schulische Betreuung ist freiwillig und entgeltlich. Die Eltern bezahlen für die Betreuung ihrer Kinder einen Beitrag, der aufgrund ihrer finanziellen Verhältnisse berechnet wird. Die Stadt Zürich investiert jährlich rund 150 Millionen Franken in die Betreuung der Schulkinder (https://www.stadt-zuerich.ch/ssd/de/index/volksschule/betreuung_horte.html).

und dann wieder nach dem Unterricht. Ich befragte deshalb auch im Hort das zuständige Betreuungspersonal zu Serkans Verhalten. Bald verstand ich, dass es für Serkan völlig neu war, den ganzen Tag von morgens früh sieben Uhr bis abends fünf oder sechs Uhr in einer Kindergruppe zu verbringen. Nur am Mittwoch durfte er bei der Mutter sein. Zuhause war er das vierte Kind seines Vaters und das erste Kind seiner Mutter. Die drei Geschwister väterlicherseits waren viel älter als er. Teilweise wohnten die Geschwister zwar noch zu Hause, aber sie waren erwachsen. Zuhause war er der süsse Kleine, der Sonnenschein der Familie, der stets von Erwachsenen umgeben war. Seine Mutter, eine noch sehr junge Frau, hatte nach den Sommerferien ihre Erwerbsarbeit wiederaufgenommen. Auch sie befand sich in einem neuen Lebensabschnitt, der sie stark forderte, denn sie wusste nicht, ob sie den Anforderungen ihrer Arbeitsstelle entsprechen würde. Sie hatte einige Jahre nicht mehr gearbeitet, kurz auf die Lehre folgte schon die Babypause.

Die Arbeit mit Serkan stellte sich als sehr intensiv heraus. Er brauchte immer eine erwachsene Person bei sich und forderte viel Aufmerksamkeit. Schon kurz nach Beginn des Morgenkreises war er im Kindergarten nicht mehr tragbar. Wenn er einen Wutanfall bekam, demolierte er Material und Mobiliar. Oder er nahm den anderen Kindern das Spielzeug weg, wenn er es begehrte. Ab und zu verletzte er sie dabei auch. Wenn die Kindergärtnerinnen ihn aus der Gruppe herausnahmen, kam es vor, dass er davonlief und zwar ausserhalb des Kindergartenareals. Mehrmals hatte er auch schon eine Kindergärtnerin geschlagen, gekniffen und einmal ihren Arm zerkratzt. Meistens weigerte er sich, am regulären Unterricht teilzunehmen. Es mussten also dringend Lösungen gefunden werden.

Mein erstes Ziel war es, die Situation zu beruhigen. Ich schlug den Kindergärtnerinnen mein in der Schule etabliertes Angebot „Time Out“ vor, wonach sie jederzeit ein Kind, das Zeit braucht, um sich zu beruhigen, zu mir ins Büro schicken dürfen. Weil Serkan zu Beginn nicht gerne den Kindergarten verliess und zu jung war, allein den Weg zu mir zu finden, holte ich ihn im Schulzimmer ab.

Da die Lehrpersonen das Angebot „Time Out“ täglich benötigten, schlug ich vor, Serkan lieber schon präventiv täglich um 9 Uhr im Kindergarten abzuholen. Er durfte dann eine Weile bei mir im Büro bleiben, ruhig spielen, mit mir plaudern und Fragen stellen, um sich selbst zu regulieren. Danach brachte ich ihn wieder zurück in die Klasse. Dies funktionierte gut. Mit der Mutter führte ich weiterhin regelmässige Gespräche.

Es dauerte lange, bis wir, die Mutter und ich, verstehen lernten, was so schwierig für Serkan war. Für die Mutter war der Prozess sehr schambesetzt. Es war ihr unangenehm, dass Serkan so grosse Probleme im Kindergarten hatte und andere Kinder schikanierte. Er war ihr fremd. Zuhause kannte sie ihn nicht so. Dort war er der Kleine, Sanfte und alle nahmen Rücksicht auf ihn. Sie schämte sich und dachte, sie habe in der Erziehung etwas falsch gemacht. Sie habe als Mutter versagt, denn alle anderen Kinder im Kindergarten machten brav mit, nur ihr Sohn störte den Unterricht. Sie wusste nicht mehr, wie sie den Kindergärtnerinnen, dem Hortpersonal, der Schulleitung und ihrer Familie begegnen konnte. Sie fühlte sich als Versagerin und war sehr verunsichert. Bei den grösseren drei Geschwistern, die eine andere Mutter hatten, hatte es scheinbar kein Problem in der Schule gegeben. Sie fühlte sich blockiert und sah keinen Weg aus dieser Sackgasse, in die sie mit Serkan geraten war.

Nach ungefähr einem Monat waren wir alle, die Eltern, die Schulleitung, die Kindergärtnerinnen, die Heilpädagogin, das Hortpersonal, die Schulpsychologin und ich, so weit, dass wir einen weiteren Entschluss fassen konnten. Wir konnten Serkan und seine Situation besser nachvollziehen. Die Zeit, die ich diesen Monat mit ihm verbracht hatte, trug viel dazu bei, dass ich ihn besser verstehen lernte. Er war stark überfordert. Es fiel ihm schwer, sich gleich an zwei neuen Orten, im neuen Kindergarten und im Hort einzuleben.[45] Dazu kam, dass er seine Mutter sehr vermisste. Seine Mutter war auch in den Momenten, in denen sie mit ihm zusammen war, absorbiert von ihrer neuen Arbeitsstelle. Sie spürte Leistungsdruck, war sich aber unsicher, ob sie den Ansprüchen genügen konnte. Weiter beobachtete ich, dass die Kindergärtnerinnen durch die letzten aufregenden Monate erschöpft waren. Es war nicht einfach, eine Klasse zu bilden mit den neuen Kindergartenkindern, wenn ein Kind der älteren Gruppe immer wieder die Regeln brach. Serkan hingegen fühlte sich langsam sicherer durch die Möglichkeit, regelmäßig bei mir im Büro zu spielen. Zum Teil spielte er mit mir, aber häufiger allein. Oft kamen gleichzeitig auch andere Kinder, meistens Ältere, zu mir ins Büro, um ihre eigenen Schwierigkeiten zu besprechen. Ich merkte, dass Serkan während des Spiels aufmerksam meinen Gesprächen mit den anderen Kindern zuhörte und mit der Zeit realisierte ich auch, dass die Problemstellungen oft Problemstellungen waren, die auch Serkan betrafen. Er lernte schnell, oft besprachen wir, dass bestimmte Regeln in der Schule einfach eingehalten werden müssen,

45 Jede Schule hat einen oder mehrere ihr zugeteilte Horte. Diese sind, wenn möglich, aber nicht immer, auf dem Schulhausareal stationiert. Die Horte sind alters- und klassendurchmischt. Das Betreuungspersonal besteht aus Fachleuten mit einer Ausbildung in einem Sozialen Beruf. Es sind nicht die direkten Lehrpersonen des jeweiligen Kindes. Die Betreuung arbeitet vernetzt, aber unabhängig, mit der Schule zusammen (https://www.stadt-zuerich.ch/ssd/de/index/volksschule/betreuung_horte.html).

damit wir alle friedlich miteinander zusammenleben können. Mit der Zeit kannte er meine Sätze auswendig: „Im Schulzimmer ist die Lehrperson der Chef. Zuhause sind es die Eltern, die bestimmen dürfen. So einfach ist das. Da gibt es nichts daran zu rütteln. Wenn Du gross bist, kannst Du selbst bestimmen!“ Ab und zu reagierte er auf diese Sätze mit einem Lächeln. Oder manchmal fiel er mir sogar ins Wort und wollte die Sätze selber den anderen Kindern sagen.

Wenn ich durch das Schulhaus lief, hüpfte er mir hinterher wie ein junges Entenbaby der Entenmutter. Er strahlte dabei. Er lief selbstständig, aber dennoch nur mit wenig Abstand hinter mir her. Er genoss es, dass er so, mit mir unterwegs, vor gar niemanden Angst haben musste. Er lernte, die Leute zu grüssen und kannte nach einer Weile die Namen von einigen älteren Schülern. Dadurch erhielt er auch im Hort eine andere Position. Viele kannten ihn und wussten, er gehört irgendwie zu Yvonne.

Die Zeit war gekommen. Es war mir gelungen, alle Beteiligten ins Boot zu holen, zu vernetzten. Es gab wieder eine Sitzung wie in der ersten grossen Runde. Aber die Stimmung war diesmal eine völlig andere. Es konnte auch viel Positives über Serkan erzählt werden. Die Mutter und der Vater von Serkan waren mit dabei. Die Lösung, die ich vorschlug, hatte ich mit den Betroffenen schon vorzeitig abgesprochen. Mein Vorschlag enthielt verschiedene Veränderungen:

- Serkan sollte nochmals neu in einem anderen Kindergarten bei uns im Schulhaus beginnen können, einerseits zur Entlastung der Kindergärtnerinnen und der Klasse, in der er aktuell war, und anderseits um nochmals eine Chance zu bekommen im Hinblick auf seine weitere Beschulung. Weiter würde er dort dann Kindergartenlehrpersonen antreffen, die auf sein Verhalten vorbereitet wären und die ich bereits im Voraus informieren würde, wie mit ihm umzugehen sei.
- Die Mutter war von mir gebeten worden, ihr Arbeitspensum so zu organisieren, dass sie ihren Sohn jeweils am Morgen in den Kindergarten begleiten konnte, damit er nicht vor dem Kindergarten noch von 7 bis 8 Uhr in den Hort müsste, wie das jetzt der Fall war. Ich hatte lange mit ihr daran gearbeitet, bis sie den Mut aufbrachte, bei ihrer Chefin diese Veränderung zu beantragen. Ihr Mann hatte sie dabei unterstützt. Beide hatten begriffen, dass ihr Kind sie braucht und welche Verantwortung sie als Eltern tragen. So waren sie bereit, den Aufwand auf sich zu nehmen. Glücklicherweise war die Chefin sehr verständnisvoll und hatte kein Problem damit, dass die Mutter ihre Mittagspause verkürzte und so sogar jeden Morgen noch eine halbe Stunde länger mit Serkan im Kindergarten verbringen konnte. Die Scham der Mutter wich einem gewis-

sen Stolz, indem sie realisierte, wie wichtig sie doch für Serkan war. Sie konnte Serkan Sicherheit und Geborgenheit geben und so Serkan helfen, seine Not zu überwinden. Die Bereitschaft der Eltern und vor allem der Mutter, zu kooperieren, indem sie Serkan den wichtigen Übergang am Morgen von der privaten Zeit zuhause in den Kindergarten erleichterte, halfen nicht nur Serkan, sondern auch der Mutter, ihre Verlegenheit abzulegen und sich wertvoll zu fühlen.

- Die dritte Konsequenz war, dass ich die täglichen Treffen mit Serkan beibehielt. Er durfte den bekannten Raum bei mir weiterhin als Energie- und Sicherheitsspender benutzen.
- Für den Hort bedeuteten diese Absprachen, dass Serkan weniger häufig anwesend war. Weil er nicht mehr an den Morgentisch kam, wurde der Aufwand auch für das Hortpersonal geringer.

Alle Anwesenden konnten diesem Vorschlag zustimmen und gingen zuversichtlich aus der Besprechung. Die Schulleitung zeigte sich sehr kooperativ und willigte ein, eine weitere Kindergartenklasse im Schulhaus zu suchen, deren Kindergärtnerinnen Serkan einen neuen Versuch ermöglichen wollten. Serkan blieb weiterhin bei uns im Schulhaus, es gab für ihn keinen grossen Umgebungswechsel, der Hort blieb derselbe. Er blieb weiterhin bei seinen Freunden und die Erwachsenen, die ihn betreuten, blieben zum grössten Teil dieselben. Auch ich als Schulsozialarbeiterin konnte weiter mit ihm und seiner Familie arbeiten. Die Schulpsychologin stimmte zu.

Der Versuch bewährte sich. Die Arbeit mit der Familie und Serkan wurde noch für längere Zeit fortgesetzt. Auch der neue Kindergarten brauchte immer wieder Unterstützung von mir. Serkan benötigte genaue Tagesabläufe, damit er stets wusste, was als Nächstes auf ihn zukam. Er brauchte Zeit und Räume für sich, damit er sein eigenes „Ich" jeden Tag wieder spüren konnte. Und Serkan brauchte vor allem die Einsicht und Rücksicht der Eltern für seine speziellen Charaktereigenschaften. Auch sie erarbeiteten einen Plan für Zuhause, hatten ihre genauen Rituale und eine Spielzeit mit Serkan. Mit dieser Einsicht und diesen Bedingungen, die massgeschneidert für ihn getroffen wurden, schaffte es Serkan, den Kindergarten und die ganzen weiteren Schuljahre ohne Sonderschule fröhlich und aufgehoben zu bewältigen.

Bei jedem Klassenwechsel gab es auch später etwas Unruhe. Die Lehrpersonen und Serkan brauchten immer Zeit, um sich aufeinander einzustellen. Für die Eltern bedeutete dies jedes Mal einige Monate mehr Einsatz für Serkan. Die Gesprächsbereitschaft musste immer wieder vertieft werden, um das Vertrauen, dass es auch diesmal wieder funktionieren würde, zu stärken. An der Motivation aller zur weiteren Veränderung und Anpassung an die neue Situation musste kontinuierlich gearbeitet werden. Die Gefahr einer Erschöpfung oder sogar einer Verzweiflung war latent immer vorhanden. Aber da die Eltern ihre Wichtigkeit für ihren Sohn erkannten und ihn genug liebten, um ihm ihre Zeit und Präsenz zu geben, bewirkten sie auf der Lehrpersonenseite eine immense Bereitschaft, mitzuarbeiten. Und sie konnten Serkan den Rahmen – vielleicht einen engeren, strukturierteren Rahmen als bei anderen Kindern – geben. Alle waren bereit, Serkan kennenzulernen und sich auf seine Bedürfnisse einzulassen.

Für den Hort allerdings wurde die Situation schwierig, da die Kinderzahl stetig zunahm. Wir mussten eine andere Lösung finden. Serkan kam stattdessen zu einer Tagesmutter, wo eine kleine Kindergruppe Serkan dabei half, sich zurechtzufinden. Er konnte die Schule über Mittag verlassen und wieder ein bisschen zur Ruhe kommen. Diese Pause half ihm, sich zu erholen und erleichterte ihm, am Nachmittag wieder zurück in die Schule zu kommen. Das Weggehen von der Schule und das Wiederkehren verdeutlichten ihm die Struktur des Tages, das Unterscheiden zwischen Schule und Freizeit.

Ausschlaggebend für den Erfolg im Fall Serkan war die sehr grosse Bereitschaft von allen Seiten, zusammenzuarbeiten, um Serkan genau das zu geben, was er brauchte. Und vor allem: Die Eltern, besonders die Mutter, verstanden, dass Serkan sie eben ein bisschen mehr brauchte, als sie es geplant hatten. Und die Eltern waren bereit, ihren Einsatz, bestimmt durch Serkans Bedürfnisse, zu leisten. Meine Rolle als Schulsozialarbeiterin war dabei im Prozess wegweisend gewesen, denn ich hatte die Bedürfnisse erkannt und war deshalb in der Lage gewesen, gangbare Lösungswege anzubieten. Weil die Eltern mir vertrauten, konnte ich sie aus ihrer Befangenheit und Passivität herausholen. Sie wurden selbst aktiv, und zwar in einem Ausmass, dass sie auch die Umgebung, also die Schule, zum Weitermachen motivierten. Serkan durfte seine gesamte Primarschulzeit bei uns im Schulhaus bleiben. Die negative Erfahrung, dass man als Kind nicht genügt, blieb ihm erspart.

Solche Geschichten kosten unheimlich viel Einsatz aller Beteiligten. Dieser Prozess beruht nicht nur auf verbalen Interventionen, die notwendigen Fähigkeiten müssen erfahren und eingeübt werden, „learning by doing“. Es braucht viel Zeit und Überzeugungskraft. Schlussendlich, mit diesem grossen Engagement aller Beteiligten, ist es möglich das entsprechende Kind aus seinem bereits vorgegebenen Pfad heraus zu heben und auf einen weniger riskanten Weg zu stellen. Auch diese Kinder sollen die gleiche Chance wie andere Kinder erhalten.

4.6 Den Klienten in seine Komfortzone zurückbegleiten

Zwei Väter von Kindern unseres Schulhauses hatten am Vorabend eine grosse Auseinandersetzung. Fast war es dabei zu einer Schlägerei gekommen und es war mit der Polizei gedroht worden. Der Grund: Die Söhne der beiden hatten sich in der Schule beim Fussballspielen geprügelt. Eine Konfliktsituation wie sie im Schulsozialarbeiteralltag häufig vorkommt. Die Jungen hatten gar nicht versucht, ihr Problem in der Schule zu lösen. Sie wussten nicht wie. Es war ihnen auch nicht das erste Mal passiert. Immer wieder kamen sie mit ihrer Wut, ihrer Trauer und ihrer Verletztheit nach Hause. Die Eltern waren ebenfalls überfordert: Was sollten sie tun? Sie waren nicht anwesend, wenn ihr Sohn geprügelt wurde. Und weshalb unternahm denn der Lehrer nichts?

In einer solchen Situation steigt das Gefühl der Überforderung. Die Eltern sehen keine Möglichkeit, das Problem zu lösen. Ihr Kind ist doch noch ein Kind, was muss der andere für ein Schläger sein! Schnell kommt da der Gedanke an die Polizei. Die Eltern sind nicht vor Ort, um ihren Jungen zu schützen. Den Lehrern den Streit zu melden, ist ihnen eher etwas peinlich. Man will nicht petzen. Die Polizei zu rufen, macht hingegen ein bisschen Eindruck und zeigt klar: Man fühlt sich selbst unschuldig. Der andere ist der Böse. Die Buben fühlten sich indessen nicht mehr wohl. Sie meldeten sich bei mir. Sie erzählten mir den Vorfall vom Pausenplatz und dann das beinahe noch grössere Erlebnis, wie sehr ihre Väter aufgebracht waren und sich in die Situation hineinsteigerten. Die Jungs hatten Angst davor, die Polizei könnte kommen. Beide waren nämlich längst wieder versöhnt. Für sie war nun die Wut der Väter das grössere Problem.

Ich telefonierte sogleich mit den Vätern. Ich wollte keine Zeit verstreichen lassen. Zeit würde die Situation verkomplizieren. Es war eine Alltagssituation, die allerdings ernst genommen werden musste. Ich bestellte beide Väter mit ihren Söhnen zu mir. Es war mir wichtig, den Vätern das Gefühl zu geben, sie könnten etwas für ihre Jungs tun, sie beschützen und brauchten weder die Polizei zu holen noch das Kind zu bestrafen. Ebenfalls wollte ich den Jungs keine Möglichkeit mehr geben mit dem Gedanken einer weiteren Schlägerei zu spielen. Nachdem sie mich aufgesucht hatten, wussten sie nun, dass am nächsten Abend diese Sitzung anstehen würde, da lohnte es sich nicht, nochmals aufeinander loszugehen. Denn die Väter würden es nicht mehr hinnehmen. Allen war der nächste Schritt also klar: Es sollte eine Sitzung bei mir stattfinden. Dies brachte einerseits Ruhe in die Situation, andererseits gab es eine unheimliche Spannung und Erwartung an diese Sitzung. Sie musste eine Lösung bringen, die die Väter und die Jungen zufriedenstellte, ansonsten würde es einen Streit auf der Ebene der Eltern geben.

Der Sitzungstermin war da. Die Väter waren gross und stark. Meine Bürotür und mein Büro kamen mir klein vor, als ich sie in meinen Raum bat. Und ich in der Mitte. Was konnte ich tun? Mir war unheimlich zumute. Zu Beginn war die Stimmung aufs Äusserste angespannt, alle waren gereizt. Die Verachtung für meinen Vorschlag, diesen ewigen, unlösbaren Streit hier nur mit einem Gespräch lösen zu wollen, war spürbar. Auch noch mit einer Frau als Vermittlerin! Ich hatte das Gefühl, alle wären bereit, sich zu schlagen. Es war schliesslich eine Männersache. Es ging um Ehre und Stolz. Die Väter mussten ihren Söhnen beweisen, wer der bessere, stärkere, mächtigere Vater war. Wir setzten uns. Ich wies jedem seinen Platz zu. Ich am Kopf des Tisches, die Konfliktparteien Sohn, Vater, je auf einer Seite. Die Stimmung war geladen. Die Jungs waren verängstigt. Ich wusste nicht, was ich von diesen kampfbereiten Vätern zu erwarten hatte.

Dann schickte ich als Erstes die Jungs nach draussen, um zu spielen. Sie jauchzten erleichtert. Der Streit war für sie absolut kein Thema mehr. Die Stimmung in meinem Büro war für sie jedoch um einiges bedrohlicher als ihr Streit von gestern. Sie einigten sich gleich auf ein Fussballspiel und zischten möglichst schnell davon.

Da sassen wir nun, wir Erwachsenen. Die Väter lachten! Und meinten „Kinder"! Sie wären bereit gewesen, sich die Köpfe einzuschlagen und dabei waren die Jungs schon längst wieder Freunde. Es war, als hätte man bei einem Ballon die Luft rausgelassen. Der Rest des Gespräches war nur noch „Peanuts". Die Versöhnung war passiert.

Diesen Fall konnte ich als „super gelungen" auf die Seite legen: Die Väter konnten die Kinder wieder als Kinder sehen. Sie sahen den Ort, den ihre Kinder gemeinsam belebten, sie sahen, wie vergänglich doch der Ärger am Ende war. Es kamen ihnen Erinnerungen aus der Zeit, als sie selbst noch Buben waren. Damals waren sie so wie heute überfordert mit der Situation. Ich würde behaupten, nur die Überforderung hat diesen Streit so gross werden lassen. Als die Väter sahen, dass es einen Ort gab, der sich als zuständig für das Problem sah, waren sie selbst wieder entlastet und konnten loslassen. Sie wurden fähig, die Situation neu zu betrachten. Jetzt fühlten sie sich wieder sicher, gross und stark. Ab da übernahmen sie wieder die Gesprächsführung und schlugen selbst einen Weg zur Versöhnung vor.

Wir sassen noch länger im Büro, und die beiden Herren erzählten sich gegenseitig von Schlägereien und Streichen, die sie selbst als Buben erlebt hatten. Die Jungs holten wir auf meine Aufforderung hin wieder rein. Sie hatten in der Zwischenzeit vergnüglich gespielt und wunderten sich, dass es so lange gedauert hatte, bis sie wieder gerufen wurden. Sie waren überrascht, als sie ihre Väter lachend antrafen. Sie hatten etwas anderes erwartet. Sie wurden von ihren Vätern aufgefordert, sich jedes Mal bei Streitereien sofort an mich zu wenden. Am Ende der Sitzung machten die Väter einen Termin aus, um sich privat zu treffen.

Erleichtert verliessen alle mein Büro – ich auch! Für die Lösung in dieser Geschichte war es wichtig gewesen, dass es gelungen war, die beiden Väter aus ihrer Überforderung zu befreien, so dass sie sich so schnell wie möglich wieder sicher fühlten. Ich richtete ihnen ein Gespräch zwischen Männern ein, ohne dass sie ihre Söhne dabei beschützen mussten, indem ich sie beide in mein Büro bestellte zu einer Aussprache nicht mit mir oder den Söhnen, sondern miteinander. Damit gelang es, ihre Blockade, die Überforderung zu lösen. Sie wussten nun selber wieder, wie mit der Situation umzugehen war.

4.7 Den Menschen muss man nicht ideal denken, sondern so wie er ist, und ihn dann entschärfen[46]

Die Mutter eines Jungen, Jose, der seit mehreren Jahren wöchentlich zu mir in die Beratung kam, klopfte eines Tages unverhofft an meine Bürotür. Sie war nicht angemeldet, sondern kam nach einem Elterngespräch mit den Lehrerinnen vorbei. Für Jose war das lange Sitzen in einer Klasse mit 20 Kindern, die ebenfalls Aufmerksamkeit möchten, eine extreme Herausforderung. Seit Jahren war dies ein leidiges Thema und es wurde in vielen Sitzungen darüber debattiert. Daher war sie überrascht und dankbar für das Lob, das sie gerade von den Lehrerinnen für die Fortschritte ihres Sohnes erhalten hatte. Sie war überwältigt von Glücksgefühlen, denn endlich konnte er sich im Schulzimmer so benehmen, wie die Lehrpersonen es von ihm erwarteten.

Sie selbst war zu dieser Zeit sehr angespannt, denn ihr Mann, deutlich älter als sie, war im Spital. So musste sie neben ihrer Arbeit täglich dorthin fahren, um ihn zu besuchen und moralisch zu unterstützen. Das kostete sie viel Energie und Geduld. Ihr Mann brauchte ihre volle Aufmerksamkeit. Für den Sohn, Jose, war da wenig Energie übriggeblieben. Ihre Kräfte waren am Ende, als

46 Friedrich Dürrenmatt (1921–1990).

ich sie vor drei Wochen zu einem regulären Termin bei mir einlud. Sie hatte mich damals informiert, dass bei ihrem Mann plötzlich eine schwere Krankheit diagnostiziert worden sei. Sie wusste gar nicht mehr, wie sie alles auf die Reihe kriegen sollte. Sie musste täglich früh um sechs Uhr bei der Arbeit erscheinen. Bis dahin war es die Aufgabe des Vaters gewesen, den Jungen zu rufen, wenn es für diesen Zeit war, in die Schule zu gehen. Sie selbst weckte jeweils ihren Sohn kurz bevor sie das Haus verliess. Er stand somit immer sehr früh auf, machte sich für die Schule bereit und vertrieb sich die Zeit bis zur Schule mit Fernsehen. Über Jahre hatte dies eher schlecht als recht geklappt, der Junge war häufig zu spät gekommen und dazu noch missmutig, da er in seinem Fernsehprogramm unterbrochen worden war. Dieser Missmut bereits zu Beginn des Schulalltags war keine gute Voraussetzung für den schwierigen Tag, der ihm im Schulhaus bevorstand. Es brauchte immer nur sehr wenig und er war gereizt und nicht motiviert, sich für die Schule, das Lernen oder das Zusammenleben mit den Klassenkameraden anzustrengen. Die Mutter und der Vater hatten jedoch nicht gewusst, wie sie dies ändern könnten. Der Vater hatte bis zu seiner Krankheit in einer Fabrik Nachtschicht gearbeitet und es sich nicht leisten können, seinen Schlaf nach wenigen Stunden zu unterbrechen und aufzustehen, um den Jungen schulbereit zu machen. Aus diesem Grunde hatte er den Jungen, wenn es Zeit war, in die Schule zu gehen stets vom Bett aus gerufen. Er hatte Jose jeweils einmal aufgefordert und schlief dann gleich wieder ein. Die Mutter andererseits war auf ihre Stelle in einer Metzgerei angewiesen, sie brauchte ihren vollen Lohn. Es war ihr auch nicht möglich, später zur Arbeit zu kommen, um so den Jungen selbst für die Schule bereit zu machen. Früher war es möglich gewesen, dass der Junge am Morgen die Zeit bis zum Schulbeginn im Hort verbringen konnte, aber dort war er als „untragbar“ ausgeschlossen worden. Mittags und nach der Schule wurde er deshalb von einer städtisch organisierten Tagesmutter betreut. Alle Ressourcen, die in diesem Elternhaus vorhanden waren, schienen längst ausgeschöpft.

Die Mutter stand also seit Langem allein da, mit den Problemen des Kindes in der Schule und den Problemen des Mannes, dem es gesundheitlich schlecht ging. Als sie vor drei Wochen zu mir in die Beratung kam, ging es um das „Zu-spät-Kommen“ des Jungen. Es war offensichtlich, dass es in diesem Haushalt keine Energie für Veränderungen gab. Die Eltern waren an ihrer Kapazitätsgrenze. Weiter war mir bewusst, dass auch vom Jungen nichts Zusätzliches gefordert werden konnte. Der Alltag war schon jetzt eine große Herausforderung für ihn. Das Zusammenleben mit anderen, in der Gruppe, im Schulzimmer war für ihn anstrengend und problematisch.

Ich erkannte, dass er überfordert war mit der Verantwortung, morgens rechtzeitig in die Schule zu gehen. Die Familie – der Vater aus Argentinien, die Mutter aus Portugal – hatten keine weiteren Verwandten oder nahe Freunde in Zürich und in der Schweiz, die sie unterstützen konnten.

Also blieb die Frage: Wer kann frühmorgens helfen? Die Mutter fühlte sich absolut nicht in der Lage eine Lösung zu finden, sie war erschöpft. Es war ihr zwar klar, dass ihr Gatte zu schwach war, um ihr zu helfen und dennoch fühlte sie sich von ihm im Stich gelassen. Während unseres Gesprächs kamen viele schlechte Gefühle auf. Die Mutter war traurig, sie fühlte sich einsam in der Schweiz. Sie hatte Sehnsucht nach ihrem Heimatort. Dort wäre alles anders. Dort wäre sie nicht allein. Plötzlich erzählte sie mir von ihrer Lieblingstante. Sie bedauerte sehr, dass sie so weit weg von ihrer Heimat war und dass ihre Tante ihr überhaupt nicht bei der Erziehung ihres Jungen helfen konnte. Sie selbst hatte so viele gute Erlebnisse mit dieser Tante in der eigenen Kindheit. Zuhause wäre vieles einfacher gewesen, meinte sie. Heute könne ihr Junge nicht einmal mit den eigenen Verwandten sprechen. Er könne ihre Sprache nicht. Sie hätten also keine gemeinsame Sprache. Ich fragte die Mutter, ob sie denn oft mit den Verwandten telefoniere. Das verneinte sie. Das würde sie nur deprimieren, da ja niemand wisse, wie man sich gegenseitig unterstützen könne. Im weiteren Verlauf unseres Gesprächs begann die Mutter dann aber doch Möglichkeiten zu erörtern: Und so ergab sich die Idee ganz von selbst: Diese Tante wäre vielleicht bereit, den Morgendienst zu übernehmen. Sie müsste selbst erst später zur Arbeit gehen und könnte vielleicht jeden Morgen telefonieren, wenn es Zeit war, dass der Junge zur Schule ging. So etwas sollte sich doch organisieren lassen, ohne dass man die gleiche Sprache spricht. Gleichzeitig könnte so auch eine Beziehung zwischen dieser Tante und Jose entstehen. Die Mutter würde auf diese Weise Unterstützung aus der eigenen Familie erleben, was sie sich schon so lange ersehnte.

Zuerst waren wir beide etwas überrumpelt und übermütig von dieser spontanen Idee. Ob es wohl funktionieren könnte? Etwas unsicher kam uns das Ganze nun doch vor: Würde die Tante aus Portugal auf diese Idee einsteigen? Würde sie mitmachen und von dort aus anrufen? Täglich? Würde der Junge mitmachen? Und was würde der Vater dazu sagen? Diesen Plan hatten wir vor drei Wochen so besprochen.

Die Mutter war damals trotz der Zweifel zuversichtlich nach Hause gegangen und wollte es sich nochmals überlegen. Die Tante wurde angefragt und übernahm dann tatsächlich gewissenhaft ihre neue Aufgabe. Sie war sogar begeistert. Endlich konnte sie ihre Nichte unterstützen. Dem Vater war es auch recht, dass er den Jungen nicht mehr im Halbschlaf auffordern musste, in die Schule zu gehen. Das ganze Unternehmen wurde ausprobiert. Und es funktionierte.

Kurz darauf kam es zum Zusammenbruch des Vaters. Der darauffolgende Spitalaufenthalt belastete die Familie um ein Vielfaches. Zum Glück war wenigstens das morgendliche Weggehen des Jungen bereits so organisiert, dass es ohne den Vater stattfinden konnte. Die Aufgabe, die die Tante übernommen hatte, hatte damit nochmals an Bedeutung gewonnen. Jose kam nun pünktlich in die Schule. Die Lehrerinnen waren endlich zufrieden. Für die Mutter war das rundum ein Erfolg – trotz der familiär nun noch schwierigeren Situation. Als ich den Jungen ein paar Tage später fragte, wie er denn die Lösung mit dem Telefonat der Tante finde, meinte er, die Tante sei recht nervig. Sie telefoniere so oft, bis es gar keinen Spass mehr mache, weiter die Sendung im Fernsehen zu schauen. Da gehe er lieber in die Schule. Aber anderseits könne er jetzt bereits auch schon zwei drei Sätze mit ihr portugiesisch sprechen, seine Mutter habe sie ihm beigebracht. Ich war beruhigt, die Rückmeldung war für mich eindeutig: Zumindest dieser Teil des Lebens des Jungens hatte sich verbessert.

4.8 Heikle Zusammenarbeit

Die Arbeit einer Schulsozialarbeiterin ist eine stark vernetzte Arbeit zwischen mehreren Ämtern und Institutionen. Einerseits befindet sich ihr Arbeitsfeld mitten im Schulhaus, sie ist abhängig von den Möglichkeiten und Freiräumen, die ihr die Lehrerschaft und die Schulleitung anbieten. Andererseits ist sie beim Sozialamt angestellt. In der Stadt Zürich sind die Schulsozialarbeitenden Angestellte des Sozialdepartements, der Sozialzentren und Mitarbeitende eines Quartierteams. Somit sind die Sozialarbeitenden der verschiedenen Familien und die Beistände der Kinder ebenfalls Arbeitskollegen der Schulsozialarbeitenden. In manchen Situationen ist diese Organisation den Arbeitsverhältnissen enorm förderlich und in anderen Situationen schränkt es die Möglichkeiten der Schulsozialarbeit ein. Jedenfalls braucht es oft ein feines Fingerspitzengefühl für die Zusammenarbeit mit den verschiedenen Zuständigkeiten und eine ausgesprochene Empathie für die Personen, die sich für das Wohlbefinden eines Kindes einsetzen. Alle engagieren sich und hegen eigentlich nur die besten Absichten zum Wohle des Kindes.

Leider ist aber das Wohl des Kindes nicht so eindeutig. Jeder Professionelle sieht es aus seinem Blickwinkel, welcher durch die unterschiedliche Rolle im Berufsalltag bestimmt wird, wieder etwas anders. Und in diesem

Spannungsfeld muss sich die Schulsozialarbeit vorsichtig bewegen, zwischen den verschiedenen Ansichten jonglieren und die noch ungenutzten, versteckten Ressourcen entdecken. Dabei ist es schwierig, die passende Situation zu finden, in der eine bestimmte Ressource genutzt werden kann, ohne dabei einem anderen Professionellen zu sehr auf die Füsse zu treten. Oder gar den Gesichtsverlust einer Autoritätsperson des Kindes zu verursachen. Das ist ein heikles Unterfangen bei so zahlreichen Helfern und Helferinnen für ein einziges Kind. Und jede und jeder dieser Helferpersonen hat eine andere Ausbildung, eine andere Sichtweise und eine andere Geschichte mit dem Kind. Die Eltern selbst gehören ebenfalls zu dieser Helfergruppe und sind die primären Autoritätspersonen des Kindes, somit äusserst wichtig. Ohne sie, und zwar als ernst zu nehmende Haupthelfer, kann beim Kind dauerhaft gar nichts erreicht werden. Diese Erkenntnis ergibt sich aus vielen Berichten Betroffener (siehe die Bücher: Schattenkind[47], Schweizer ohne Namen[48]).

Fallbeispiel Caroline

Caroline wurde von einem anderen Schulhaus mitten im Jahr in unseres versetzt. Sie besuchte bereits die 6. Klasse, im Kanton Zürich die letzte Klasse der Primarschule und stand kurz vor dem Wechsel in die Oberstufe der Volksschule, die in einem anderen Schulhaus stattfand. Sie wechselte kurz vor Weihnachten zu uns, somit konnte Caroline nur noch ein gutes halbes Jahr in unserem Schulhaus zur Schule gehen. In der vorherigen Schule war sie selten anwesend gewesen. Unserer Schulleitung wurde mitgeteilt, dass sie eine typische Schulverweigerin sei. Den Unterlagen war zu entnehmen, dass sie eigentlich keine so schlechte Schülerin war, aber die Eltern unterstützten sie offenbar kaum oder sie selbst brachte es scheinbar nicht fertig, regelmässig in die Schule zu kommen. Wenn sie es trotzdem in die Schule schaffte, kam sie meistens unpünktlich, stand in dem Bericht.

Dem Mädchen war schon länger ein Beistand zugeteilt, der sich seit mehreren Jahren für Caroline einsetzte. Er beschrieb die Eltern als unkooperativ, es sei unmöglich, sie für eine Zusammenarbeit für das Kind zu gewinnen. Beide Eltern seien labil und bereits mit dem eigenen Leben überfordert. Er hatte als Unterstützung für diese Familie eine Sozialpädagogische Familienarbeiterin (sozialpädagogische Familienhilfe) organisiert. Die Aufgabe dieser Person war es, die Familie zu unterstützen und die Eltern in ihrer Aufgabe zu ergänzen, so dass es dem Mädchen möglich sein sollte, die Schule regelmässig zu besuchen. Diese Familienarbeiterin engagierte sich bereits seit einigen Jahren

47 Gurt (2017).
48 Beyeler-Von Burg (1985).

für die Familie, zu der auch noch ein älterer Bruder gehörte. Die Familienarbeiterin hatte den Werdegang dieses älteren Bruders von Caroline miterlebt. Er hatte nach Schulabschluss keine Lehrstelle gefunden und setzte sich auch kaum dafür ein. Er begnügte sich damit, zuhause zu sein. Er erweckte den Eindruck, als bewache er seine Eltern. Beide Eltern lebten von einer Invalidenrente und Zusatzleistungen. Caroline selbst verbrachte ihre Tage ebenfalls hauptsächlich zu Hause. Es war nachvollziehbar, dass es für sie schwer zu verstehen war, warum sie sich als Einzige täglich ausser Haus begeben sollte.

Die Sozialpädagogische Familienarbeiterin versuchte das Mädchen zu überzeugen, dass sie die Schule brauchte, um später einen Job zu finden und ein selbstständiges Leben zu führen. Sie nahm den Schulhauswechsel des Mädchens jetzt als zweite Chance wahr und war bereit, sich dafür zu engagieren, dass Caroline fortan die Schule besuchen würde. Sie hatte sich bereit erklärt, jeweils früh morgens zur Familie zu gehen, Caroline aufzuwecken und für die Schule bereit zu machen. Sie hoffte, dass das Mädchen, wenn es denn das Zuhause rechtzeitig verlassen würde, auch pünktlich in der Schule erscheinen würde. Nachdem Caroline zwei Wochen in unserer Schule war, übergab mir die Schulleitung diesen neuen Fall. Sie erklärte mir die Situation wie oben beschrieben.

Zum Eröffnungsgespräch lud die Schulleitung sämtliche Beteiligten, das Mädchen, die Eltern, die neuen Klassenlehrpersonen, die Familienbegleiterin, den Beistand und mich ein. Die Sozialpädagogische Familienarbeiterin, die Mutter und der Bruder erschienen zum Eröffnungsgespräch. Der Beistand, der Vater und Caroline fehlten hingegen. Die Mutter sprach ungehemmt in dieser Sitzung. Sie teilte uns mit, die Tochter mache ihre Hausaufgaben nicht, gehe oft zu spät zur Schule oder sie fühle sich schlecht und gehe deshalb gar nicht zur Schule. Die Mutter beschrieb sich selbst und ihren Mann als krank. Sie könne daher nicht gegen ihre Tochter ankommen, sie seien deshalb froh um die Familienarbeiterin.

Die Lehrpersonen wurden im Gespräch sogleich aktiv, sie schienen vorbereitet zu sein und nannten drei Ziele, die für sie unabdingbar seien, damit Caroline gut in ihrer Klasse mithalten könne. Erstens sollte täglich notiert werden, ob Caroline pünktlich in der Schule erschienen sei, zweitens würden täglich die Hausaufgaben kontrolliert und drittens sollte das Mädchen doch bitte in den Hausaufgabentreff der Schule gehen, falls die Eltern sie bei den Hausaufgaben nicht unterstützen könnten. Die Familienarbeiterin fand die Ziele der Lehrpersonen hilfreich und die Idee des Hausaufgabentreffs des Elternvereins der Schule eine gute Lösung für das Mädchen. Sie werde gleich den Beistand informieren und darum bitten, diese Massnahme zu finanzieren. So könnte die Mutter nämlich entlastet werden. Die Hausaufgabenbetreuung falle der Familie sehr schwer und sorge zu Hause für schlechte Stimmung.

Um Caroline und das Familiensystem besser kennenzulernen, schlug ich vor, mich wöchentlich mit den Eltern und dem Kind zu treffen. Vielleicht wäre es hilfreich, wenn die Familienarbeiterin ab und zu mit dabei sein könnte. Ich fragte ebenfalls, ob es für die Familie in Ordnung sei, wenn ich mich mit den Lehrpersonen regelmässig austausche. Die Mutter bejahte. Wir vereinbarten einen ersten Termin. Ich lud dazu die ganze Familie und die Familienarbeiterin ein und betonte, dass dieser Termin nicht stattfinden könne ohne Caroline, die dabei die Hauptperson sei. Die Familienarbeiterin gab mir Recht.

In der ersten Woche nach den Weihnachtsferien kam das Eröffnungsgespräch zu meiner Arbeit mit dieser Familie tatsächlich zustande. Das Mädchen erschien, ebenso die Mutter, der Bruder und die sozialpädagogische Familienarbeiterin – es war also beinahe die gleiche Familienvertretung wie beim Gespräch der Schulleitung, diesmal aber mit dem Mädchen. Ich versuchte mich stark auf Caroline zu konzentrieren. Ich fragte sie, wie sie in der Schule gestartet wäre. Ob sie bereits Freunde gefunden hätte. Sie nannte mir schnell einen Namen. Interessanterweise war das der Name eines im Schulhaus angesehenen Kindes, eines Fussball-Königs. Dieser war auch tatsächlich in ihrem Alter, aber nicht in ihrer Klasse. Ich fragte nach, wie sie ihn kennengelernt hatte. Ob sie ihn von früher kannte? Die Antwort war nein, vom Pausenplatz. Ob sie denn auch so eine top Fussballspielerin wie der andere wäre? Die Antwort war wieder nein. Aber sie könnten gut miteinander sprechen. Ich fragte mich, was diese beiden wohl verbinden könnte.

Wir schauten nochmals das Protokoll der letzten Sitzung an: die Ziele. Ich fragte Caroline, ob sie diese drei Ziele des Wochenplans einhalten könnte und vor allem, ob sie es schaffte, in der Schule nicht zu fehlen. Die Mutter erinnerte ich an die gemeinsamen wöchentlichen Treffen. Auch sie betonte, wie wichtig es ihr sei, dass es nun funktionierte mit der Schule für ihre Tochter. Der Bruder fiel die ganze Zeit durch seine negative Einstellung auf, er ergriff das Wort immer wieder. Er traute es seiner Schwester nicht zu, in die Schule zu kommen, sie sei faul und bequem. Zuhause müsste sie eben gar nichts machen.

Das Ziel des Hausaufgaben-Treffs schien für alle am schwierigsten zu erreichen. Ich bot an, Caroline dabei zu begleiten, was sie akzeptierte. So begannen unsere wöchentlichen Treffen. Die Mutter kam zu Beginn eher zurückhaltend, mit der Zeit schien sie immer fröhlicher. Dem Wochenplan der Lehrpersonen konnte ich indessen entnehmen, dass Caroline weiterhin ein bis zwei Tage die Woche fehlte. An diesen Tagen hatte sie mitten im Tag Arzttermine, die ihre Mutter organisiert hatte. Sie brachte auch jedes Mal ein Arztzeugnis, wobei sie offenbar immer wieder einen neuen Arzt aufsuchte. An den anderen Tagen kam sie oft zu spät. Kaum ein Tag in der Woche war sie von Beginn des Unterrichts bis zum Schluss anwesend. Die Hausaufgaben fehlten an allen Tagen, ausser am Tag nach dem Hausaufgaben-Treff. Dort ging sie mittlerweile gerne hin, falls sie nicht gerade an diesem Tag krankgeschrieben war.

Während ich in unseren folgenden gemeinsamen Sitzungen das Gesprächsthema auf die vereinbarten Ziele lenkte, wehrte die Mutter gleich heftig ab: Sie könnte sich nicht gegen Caroline durchsetzen. In diesem Moment unserer Sitzungen setzte sich Caroline meist ganz wohlig hin, wie eine Chefin – etwas schief auf dem Stuhl, den einen Arm über die Stuhllehne gelegt, den Kopf nach oben. Auf dem Gesicht war dann stets ein kleines, feines Lächeln und der Rücken war gerade durchgestreckt. Sie wirkte gross und älter, als sie in Wirklichkeit war. Ich versuchte die Mutter dazu zu bringen, die Autorität, die sie als Mutter hat, zurückzuerobern. Ich versuchte, zwischen Tochter und Mutter eine gesunde Hierarchie herzustellen. Die Mutter zeigte aber kaum Motivation dazu. Sie schien sich mit der jetzigen Situation abgefunden zu haben, die ihr vielleicht gerade recht war. Sie sei krank, ebenso ihr Mann, erwähnte sie öfters.

Ich suchte nach einem Hilfsmittel, um sie zu gewinnen und brachte deshalb das Taschengeld zur Sprache: Caroline sollte immer nach unserer Sitzung Taschengeld erhalten. Für jeden Tag, an dem sie die Hausaufgaben erledigt hätte, einen Franken. Diese Möglichkeit hätte sie viermal die Woche. So könnte die Mutter ihr in der Woche vier Franken geben, falls sie die Hausaufgaben auch wirklich ernst nähme. Caroline fand dies sehr gut, bis jetzt hatte sie noch nie Taschengeld erhalten. Die Mutter machte die Idee sichtbar fröhlich. Zufrieden verliessen beide mein Büro.

Die nächste Sitzung liess die Mutter ausfallen. Sie selbst hätte einen Arzttermin. Sie verschob unseren Termin auf einen anderen Wochentag und erschien dann auch pünktlich. Caroline war in der Schule, so konnte ich sie aus der Klasse dazu holen. Die Mutter äusserte den Wunsch, dass unser Termin fortan nicht mehr wöchentlich, sondern nur noch jede zweite Woche stattfinden sollte. Bei jeder Frage, die ich dem Mädchen stellte, versuchte die Mutter, die Tochter in Schutz zu nehmen und bei jeder Frage, die ich an die Mutter richtete, fragte diese Caroline, was sie dazu dachte. So wurde es ein schwieriges Gespräch. Hatte ich die Mutter mit der Idee des Taschengeldes überfordert? Sie konnte mir jedenfalls nicht sagen, ob wir die Abmachung mit dem Taschengeld nun wirklich starten sollen. Es schien mir, dass die Mutter unheimlich froh war, als wir die Sitzung beendeten, ohne weiter konkret über die Taschengeldabmachung zu entscheiden.

Eine Woche später betrat Caroline an unserem Gesprächstermin mein Büro allein. Die Mutter kam nicht zum Termin, wie die Woche zuvor verabredet. Caroline erschien wie eine Ober-Chefin, aufgebläht. Ihre Haltung hatte sich in den letzten Tagen verändert. Dies konnte ich auch dem Wochenplan der Lehrer entnehmen. Sie verhielt sich respektlos zu den Lehrpersonen und den anderen Klassenkollegen. Sie schwänzte nun regelmässig den Hausaufgaben-Treff.

Die Mutter rief mich kurze Zeit nach dem Gesprächstermin an. Sie hätte keine Zeit mehr für unsere Treffen, weil sie sehr beschäftigt wäre. Sie hätte mehr als nur ein Kind und sie müsste auf ihre eigene Gesundheit achten. Ich war etwas verwirrt über die plötzliche Veränderung in der Bereitschaft der Mutter zur Zusammenarbeit mit mir. Ich merkte, dass sich etwas Ungutes anbahnte. Caroline hatte offensichtlich noch mehr an Macht gewonnen. Ich hatte die Mutter vor ihren Augen überfordert. Die Familie überliess dem Mädchen offenbar die Herrschaft zu Hause. Somit war sie aber auch allein und nicht mehr umsorgt, wie es sich ein Mädchen in ihrem Alter eigentlich wünscht und auch noch braucht. (It‘s lonely at the top!) Die Eltern konnten sie nicht bezwingen. Sie trauten sich nicht. Für Caroline bedeutete dies jedoch, dass sie im Stich gelassen wurde. Der Vater war erst gar nicht zu den Terminen erschienen, die Mutter wollte möglichst wenig davon wissen. Alles andere schien wichtiger zu sein. Und Caroline, unwissend wie sie war – ein Kind –, genoss ihren Freiraum, ihre angebliche Macht, welche sich in Wirklichkeit aber gegen sie richten würde. Sie brauchte die Schule, um später ein selbständiges Erwachsenenleben führen zu können. Und mir blieb nicht mehr viel Zeit, ihr zu helfen. Im Sommer würde das Mädchen in die Oberstufe und damit wieder in ein neues Schulhaus wechseln. Dort würde alles wieder von vorne beginnen. Die Zeit verging schnell, ich musste mich also beeilen. So wollte ich sie nicht in die Oberstufe ziehen lassen.

Mit all diesen Überlegungen meldete ich mich bei ihrem Beistand, obwohl dieser bis jetzt noch keinen direkten Kontakt zu mir aufgenommen und sich bei der Schulleitung für die erste Übergabesitzung abgemeldet hatte. Er stand indessen damals mit der Kreisschulpflege in Kontakt, um den Schulhauswechsel zu bewerkstelligen. Der Beistand freute sich über meinen Anruf. In der Familie laufe es gar nicht nach Wunsch, berichtete er. Die Eltern seien bei ihm gewesen und hätten nach dreijähriger Zusammenarbeit mit der

Familienarbeiterin nun diese beschuldigt, sie wolle ihnen nur schaden. Sie wünschten keinen fremden Menschen mehr in der Wohnung. Sie wollten auf keinen Fall eine weitere Zusammenarbeit mit einer Familienarbeiterin. Sie könnten ihr Leben allein organisieren und gestalten. Der Beistand war sehr betrübt. Er hatte den Einsatz der Sozialpädagogischen Familienarbeiterin grossartig gefunden. Er schätzte es, dass diese jeweils frühmorgens kam, um Caroline in die Schule zu schicken. Der Beistand wusste nicht, wie es nun weitergehen sollte.

Ich erzählte ihm, wie es bei uns in der Schule lief – die vielen Arzttermine mitten im Schultag mit Arztzeugnissen immer von einem neuen Arzt, das Fehlen der Hausaufgaben – und dass ich zusehen könnte, wie Caroline sich offensichtlich immer mächtiger fühlte. Ebenfalls berichtete ich ihm, dass die Mutter nicht mehr an den gemeinsamen Terminen teilnahm. Ich würde mir grosse Sorgen machen und nicht viel Gutes erwarten bei einem Übertritt der Schülerin in die Oberstufe.

Ich besprach die Situation auch mit der Schulleitung. Die Lehrpersonen waren ebenfalls verzweifelt. Sie hatten einen erheblichen Einsatz mit all den Wochenplänen und den Gesprächen mit dem Kind geleistet, aber nichts hatte gefruchtet.

Die Schulleitung und ich trafen uns zu einem weiteren Gespräch mit dem Beistand und den Lehrpersonen. Ziel dieses Gespräches war es, dem Beistand aufzuzeigen, dass wir einen „Über-Boss“ brauchten, der dem Mädchen die Grenzen seines Verhaltens aufzeigen könnte. Wir benötigten einen Partner auf der Seite der Familie, dies müsse der Beistand wahrnehmen. Dieses Mädchen war im Begriff, sich seine ganze Zukunft zu verbauen und alle betroffenen Erwachsenen schauten dabei zu.

Parallel zu dieser Sitzung, an der der Beistand, die Lehrpersonen und die Schulleitung teilnahmen, besprach ich auch mit Caroline, die mich jetzt öfter allein aufsuchte, das Thema. Ich zeigte ihr auf, dass niemand mehr Lust habe, ihr zu helfen. Ihr Bruder komme nicht mehr zum Termin, ihr Vater ebenso wenig, ihre Mutter, die noch am längsten durchgehalten habe, komme auch nicht mehr. Die Familienarbeiterin helfe ihr auch nicht. Jetzt sei nur noch sie da, ganz allein. Die Hilfe der Lehrpersonen nehme sie ebenso wenig an. Was wolle sie dann noch von mir? Ich freue mich, dass sie zu mir komme, aber bei mir gehe es eigentlich immer darum, dass sich etwas ändere. Ich fragte Caroline, was sie eigentlich wollte.

Da entgegnete sie, sie möchte es gut in der Schule machen. Sie möchte, wenn sie gross sei, einen guten Job und viel Geld. Da musste ich doch fast lächeln. Ich erklärte ihr, dass zwischen Willen und Wunsch ein riesiger Unterschied sei. Ich nahm mir die Zeit und begann, ihr diesen Unterschied zwischen Willen und Wunsch zu erklären. Genau dieser Unterschied sei essenziell. Beinahe jeder habe den Wunsch, einen guten Job zu erhalten und dabei viel Geld zu verdienen, erklärte ich ihr. Aber den Willen dazu zeigten leider nur wenige. Wenn man sich etwas wünschte, sogar wenn man es sich ganz stark wünschte, dann hoffte man insgeheim, dass jemand Drittes dies für einen erledigte. Zum Beispiel, dass in der Nacht eine Fee kommen und einen Zaubersand über einem ausschütten würde und am nächsten Tag wäre dann alles rosa. Oder der liebe Gott half, nachdem man genug lang gebetet hatte. Oder man hatte einfach Glück und erwachte eines Morgens und alles sei anders, ohne eigenen Einsatz. Aber leider funktionierte das Leben nicht so. Wenn man etwas wirklich wollte, dann könnte man es auch erreichen. Aber dies wäre ein langer holpriger Weg. Dies brauchte Einsatz und diesen Einsatz müsste sie, Caroline, selbst leisten. Dies könnte niemand für sie machen! Es könnte Menschen geben, die sie dabei unterstützten, aber machen müsste sie es selbst.

Sie nahm diese Worte sehr ernst. Einige Wochen unterhielten wir uns immer wieder über das Thema Wunsch versus Willen. Ich nannte ihr Beispiele von Menschen, die durch grossen Einsatz Hervorragendes erreicht hatten und ich zeigte ihr, wie deprimierend das Leben enden könnte, wenn man immer darauf hoffte, dass die Rettung von aussen kommt. Ein anderer Teil unseres Gespräches befasste sich mit den vielen Krankheiten, die es bei ihr zu Hause gab. Sie sollte sich überlegen, ob sie auch krank sein möchte, sie ziehe es oft vor, zu Hause zu bleiben und die Schule zu schwänzen. Wollte sie durch das Kranksein vor den Herausforderungen des Lebens geschützt bleiben oder wollte sie den Kampf aufnehmen und anfangen, ihre eigenen Ziele zu erreichen?

Wir haben in der Folge viele Stunden zusammen überlegt. Caroline lernte, selbst herauszufinden, welche Unterstützung ihr wohl dabei helfen könnte, ihren Willen zu stärken. Dazu ein Beispiel: Caroline wünschte sich jeden Tag von mir einen Zwieback, als „Preis“, wenn sie in die Schule kam. Sie hatte das Gefühl, dies gebe ihr genug Ansporn, um täglich rechtzeitig in der Schule zu sein. Wir setzten es um und tatsächlich fehlte sie in den letzten drei Monaten der sechsten Klasse nur noch zwei Mal. Den Zwieback holte sie sich zu Beginn täglich, nach ungefähr drei Wochen vergass sie ihn.

Die Helfersitzung, die durch mich als Schulsozialarbeiterin und die Schulleitung zusammengerufen worden war, wurde zum Wendepunkt im Leben von Caroline. Anwesend waren dieses Mal die Mutter, der Vater, Caroline, die Lehrpersonen, die Schulleitung, der Beistand und ich. Ganz bedeutend war dabei die Anwesenheit des Beistandes. Bei der Helfersitzung wirkte der Beistand, wie vorbesprochen an der vorhergehenden Austauschsitzung, als Über-Boss. So wies er bereits zu Beginn darauf hin, er hätte das Gefühl, schon so viel Verschiedenes für die Familie getan zu haben. Aber leider hätte er es bis jetzt noch nicht erreichen können, dass die Familie selbst aktiv geworden sei. Er beklagte den mangelnden Einsatz der Familie. Ohne einen Einsatz der Familie selbst könnte gar nichts erreicht werden. So ergäben sich keine Veränderungen. Im Verlauf der Sitzung konnte ich aufzeigen, dass die verschiedenen Personen in der Familie ihre Rolle verloren hätten. Ich bat um eine weitere Chance für Caroline, unter der Bedingung, zuerst die verschiedenen Rollen und Verantwortlichkeiten aller Beteiligten zu klären. Dies sei meines Erachtens der erste Punkt, der geklärt werden müsste.

Während des Gesprächs verdeutlichte sich die Haltung der Schule. Die Schulleitung erklärte, dass das Mädchen, wenn es sein Verhalten nicht ändere, nicht in der öffentlichen Schule bleiben könnte. Der Beistand doppelte nach mit der Eröffnung, dass Caroline dann allerdings auch nicht mehr zu Hause wohnen bleiben könnte. Der ältere Sohn gehe bereits keiner Tätigkeit ausserhalb des Hauses nach. Das Gleiche dürfe mit Caroline nicht passieren. Diese Rollenklärung war mir aber noch zu wenig ausführlich. Ich bestand deshalb nochmals darauf, die Verantwortlichkeiten innerhalb der Familie und all der Beteiligten genau zu klären. Die Rollen aller – die des Beistandes, der Schulleitung, der Lehrpersonen, der Eltern, der Schulsozialarbeit, des Bruders und des Mädchens – wäre unklar geworden.

Aufgrund meiner Hinweise und damit Caroline auch wirklich eine reale Chance geboten wurde, definierten wir an dieser Sitzung die Verantwortlichkeiten der verschiedenen involvierten Stellen und hielten diese auch schriftlich fest: Die einschneidende Frage, ob Caroline zuhause bei den Eltern wohnen bleibe könnte oder nicht, legten wir in die Verantwortung des Beistandes und der Eltern. Dieser Entscheid könnte nicht der Schule übertragen werden. Die Eltern müssten Verantwortung für Caroline übernehmen. Die Eltern müssten genau vom Beistand informiert werden, wo die Grenzen des Beistandes lägen, um die eigene Verantwortung zu übernehmen, dass Caroline weiterhin zuhause wohnen bleiben könnte. Falls die Familie die Tochter bei sich behalten wollte, müssten sich die Eltern an die Anforderungen und Bedingungen des Beistandes halten. Weiter beschlossen wir, falls die Eltern die Tochter weiterhin in die öffentlichen Schulen schicken wollten, müssten sie sich an die Regeln der Schule und der Gesellschaft halten, was z. B. bedeuten würde, dass sie am Morgen rechtzeitig in der Schule erschien. Die Familie müsste Caroline anhalten, die Hausaufgaben zu machen und Arzttermine für sie in die Randstunden verlegen, so dass Caroline die Schule ohne Störungen besuchen könnte. Ich betonte zudem, dass Caroline ihre eigenen Wünsche ernst nehmen und sie umsetzen müsste. Ich erzählte den Anwesenden Ausschnitte aus unseren gemeinsamen Gesprächen, dazu hatte ich zuvor Carolines Erlaubnis eingeholt. Ich hatte ihr dargelegt, dass sie zur Durchsetzung ihrer eigenen Ziele einen festen eigenen Willen bräuchte. Die Lehrpersonen hätten lediglich die Verantwortung, sie schulisch zu fördern und zu unterstützen. Meine Verantwortung als Schulsozialarbeiterin sei es hingegen, ihr zu helfen, das Beabsichtigte durchzuhalten.

Nach dieser Helfersitzung aller Beteiligten war es dem Beistand endlich möglich, ein ernstes Gespräch mit den Eltern allein zu führen. Dabei wurden mehrere Abmachungen getroffen. Das Protokoll hierüber wurde der Schule zur Information zugeschickt. Eine der Abmachungen wünschte, dass die Lehrpersonen von nun an den direkten Kontakt zu dem Beistand pflegen sollten. Die Lehrpersonen schickten in der Folge, so wurde es mit Caroline und den Eltern vereinbart, die Wochenblätter zur Information an den Beistand. Falls Caroline trotz all dieser Bemühungen weiterhin der Schule fernblieb, würde sich der Beistand um eine andere Lösung kümmern. Falls sie beim Hausaufgaben-Treff fehlen sollte, müssten die Eltern die Kosten dafür übernehmen. Der Beistand wäre dann nicht mehr bereit, die Kosten dem Sozialdepartement zu berechnen. Das Gleiche sollte für den Hort gelten.

Mit diesen Abmachungen wurde eine neue Ausgangslage geschaffen. Die Situation war nun völlig anders. Dies half der Schule, die schulischen Anforderungen durchzusetzen. Es zeigte sich auch, dass der Austausch an der Helfersitzung dem Beistand die Verantwortung zurückgegeben hatte. Dies wiederum befähigte nun auch Caroline, den Eltern ihre Verantwortung zurückzugeben. Dadurch wurde sie entlastet und konnte sich endlich zwischen schulunfähig und gesund entscheiden. Sie wählte zu meiner Freude Letzteres und damit die Zukunft. Wir in der Schule konnten Unterstützung anbieten. Die Lehrpersonen konnten endlich ihre Arbeit tun und mit ihr an ihrer Zukunft bauen.

Die letzten zwölf Schulwochen ihrer sechsten Klasse[49], ihre letzte Zeit in der Primarschule, konnte Caroline ohne unangenehm aufzufallen im Schulzimmer verbringen. Die Hausaufgaben erledigte sie zuverlässig zweimal wöchentlich im Hausaufgaben-Treff. Einmal pro Woche kam sie zu mir, machte Hausaufgaben, zeigte mir ihre besten Prüfungen und tauschte sich mit mir aus, z. B. verriet sie mir, dass sie mit ihrer Mutter auf die letzte Mensch- und Umweltprüfung gelernt habe, in der sie jetzt die gute Note 5.5 erreicht habe. Bis zu diesem Zeitpunkt wusste sie nicht, dass ihre Mutter so gut im Lehren war! Krank geschrieben war sie nicht mehr. Abgesehen von zwei Ausnahmen kam sie stets pünktlich in die Schule. Die Lehrpersonen pflegten den Kontakt mit dem Beistand, der Beistand den Kontakt mit den Eltern.

Das Mädchen ging Ende des Schuljahres auch mit in das Klassenlager und es gefiel ihr. Sie übernachtete das erste Mal in ihrem Leben ausser Haus. Nach dem Lager kam sie auf mich zu und bat mich, sie auch weiter während der Oberstufe zu begleiten. Da musste ich bremsen. Ich erklärte ihr, jedes Schulhaus habe seine eigene Schulsozialarbeiterin. Es würde ihr auch mehr helfen, wenn sie zur Schulsozialarbeit des Oberstufenschulhauses gehen würde, denn diese habe Kontakt zu ihren neuen Lehrpersonen. Ich schlug ihr vor, ein gemeinsames Gespräch mit der neuen Schulsozialarbeiterin zu organisieren. Ihre Mutter wollten wir ebenfalls dazu einladen. Caroline ermunterte ihre Mutter, ich sorgte für den Termin und so konnte eine offene, angemessene Übergabe im Oberstufenschulhaus stattfinden. Die neue Schulsozialarbeiterin war bereit, mit Caroline weiterzuarbeiten. Sie bot Caroline gleich einen Termin in der ersten Woche nach den Sommerferien an. Caroline nahm ihn gerne entgegen und die Mutter war einverstanden.

Inwieweit unsere Intervention im letzten Primarschuljahr für Caroline langfristig Wirkung in die Zukunft hat, ist offen. Das Erreichte konnte nur über eine kurze Zeit umgesetzt werden. Natürlich war das viel zu kurz, um das über Jahre eingespielte Verhalten nachhaltig zu verändern. Und dennoch, es war ein Anfang und es zeigte eine lebbare Möglichkeit auf. Caroline, die Eltern und der Beistand durften erleben, wenigstens für drei Monate, dass es funktioniert: Es geht. Es geht, genügende Noten zu schreiben und es geht für die Eltern, die Prüfungen zu unterschreiben. Es geht, mit Caroline zu

---

49 Im Kanton Zürich wechseln die Kinder nach der sechsten Klasse in ein Oberstufenschulhaus. In der Oberstufe werden die Kinder, je nach ihren Fähigkeiten in verschiedene Stufen eingeteilt: Es stehen den Schülerinnen und Schülern zwei Wege offen: Sie wechseln entweder prüfungsfrei in die Sekundarschule oder sie besuchen nach bestandener Aufnahmeprüfung das Langgymnasium (Mittelschule). Die Sek B und Sek A dauern drei weitere Schuljahre, anschliessend kommt eine Berufslehre. Die Berufswahl nach der Sek B ist eingeschränkter, wie die nach der Sek A. Das Gymnasium dauert sechs weitere Schuljahre und wird mit der Matura (Abitur) abgeschlossen (https://www.zh.ch/de/bildung/informationen-fuer-schulen/informationen-volksschule/volksschule-organisation/schulstufen-uebergaenge.html).

lernen. Die Eltern können stolz auf sie sein. Ziele können erreicht werden. Die verschiedenen Verantwortungen wurden übernommen. Die Grenzen, die der Beistand aufgezeigt hatte, wurden verstanden.

Und für mich das Wichtigste: Ich konnte das Mädchen in die Oberstufe weitervermitteln mit klaren Abmachungen, die halfen, ihr Leben so zu organisieren, dass es ihr gelingen konnte, den Schulalltag mit Freude zu bewältigen.

4.9 Es ist nicht genug, zu wollen, man muss auch tun[50]

Natürlich kenne ich in meiner Arbeit auch Situationen, bei denen es mir nicht gelingt, etwas zu bewirken. Es handelt sich dabei meistens um Fälle, bei denen es mir verwehrt ist, oft bereits von Anfang an, eine wirklich enge, vertrauensvolle Beziehung zu den Eltern oder zu den wichtigen Bezugspersonen aufzubauen. Zum Beispiel gibt es Kinder im Schulhaus, die ein auffälliges Verhalten zeigen und deshalb Gefahr laufen, unser Schulhaus verlassen zu müssen, aber dennoch meldet diese Kinder niemand bei mir an, nicht die Eltern, nicht die Lehrpersonen oder eine sonst zuständige Bezugsperson oder das Kind selbst. Ich habe also gar keinen Kontakt zu diesen Kindern. Und andere Male kommt es vor, dass ich nicht fähig bin, einen unterstützenden Dialog mit dem Klienten, den Eltern oder den Zuständigen der Schule, der Schulleitung, der Lehrpersonen oder Hortmitarbeitenden, aufzubauen. Ganz selten gibt es Fälle, da stimmt die Chemie zwischen mir und dem Gegenüber einfach nicht oder das, was ich verlange, überfordert die andere Person. Wir befinden uns immer in einem höchst sensiblen Bereich, da ist jeder und jede empfindlich und beschämt. Hier schleichen sich Missverständnisse und Misstrauen gerne ein. So gelingt es mir in diesen Fällen nicht, den Eltern oder den Lehrpersonen den Sinn ihres Einsatzes zu vermitteln. Oder sie glauben mir ganz einfach nicht, dass wir in der Sozialarbeit Möglichkeiten haben, die Umstände für das Kind so zu verändern, dass es sich sicher und geborgen fühlen kann, so dass es sich verändern lässt. Was auch der Grund sein mag, es lässt sich nicht immer ein Dialog zwischen mir und dem Gegenüber aufbauen. Jede Zusammenarbeit mit der Schulsozialarbeit geschieht im Übrigen auf einer freiwilligen Basis und passt daher nicht in jeder Situation.

50 Johann Wolfgang von Goethe (1749–1832).

Fälle, bei denen mir das Arbeitsbündnis nicht gelingt, gibt es zum Glück nur sehr wenige. Über all die Jahre meiner Arbeit betraf es im Durchschnitt etwa jedes zweite Jahr ein Kind von den 80 bis 90 Kindern, die ich pro Jahr betreue.

Die Betreuung umfasst jeweils wöchentliche Beratungen über einen Zeitraum von sechs Wochen und mehr. Diese Beratungen finden in einem Einzelsetting statt, d. h., ich treffe wöchentlich das Kind und meistens seine Eltern oder sogar die ganze Familie. Weiter habe ich Kontakt zu etwa 40 Familien pro Jahr, die ich über einen Zeitraum von drei bis vier Monaten wöchentlich in Gruppensettings antreffe. Es kann vorkommen, dass ich mit einer Familie im Gruppensetting und in der Einzelberatung arbeite, also eine Überschneidung stattfindet, d. h., es ist ein sehr intensives Engagement von allen Beteiligten gefordert. Da wir uns in der Zusammenarbeit einer partnerschaftlichen Beziehung befinden, gehört es dazu, dass die andere Seite mich wählt, also ausdrücklich meine Unterstützung annimmt. Denn das Zusammenfunktionieren bedeutet für beide Seiten die Bereitschaft zu einer Veränderung.

Es gibt aber Menschen, die verharren lieber in ihrem Problem, als das Wagnis einer Veränderung auf sich zu nehmen. Sich auf einen unbekannten Zustand einzulassen, ist für sie zu beängstigend. Sie schrecken zurück vor den möglichen Fehlern, die sie machen könnten. Dabei sind sie sich nicht bewusst, dass auch ihr passives Verharren in der problematischen Situation ein aktives Handeln ist. Auch Verweigerung ist ein Entscheid und fordert Konsequenzen.

Zusätzlich gibt es noch eine Mischform von Fallverläufen. Bei diesen weigern sich zwar die Eltern, mit mir zu arbeiten, aber sie sind weiterhin bereit, dass das Kind bei mir Termine wahrnimmt. Sie wollen, dass ich ihren, den elterlichen Teil mache. Ich soll die Verantwortung übernehmen und ihr Kind verändern. Die Arbeit mit den Kindern allein erweist sich tatsächlich vordergründig als einfacher. Die Aufmerksamkeit, die ich den Kindern im Einzelsetting zukommen lassen kann, wirkt bei jedem Kind gut für einen Moment. Aber diese Intervention allein genügt nicht, um die Lebensumstände der Kinder zu verändern. Sie wirkt meistens nur punktuell, denn die Lebensumstände der Kinder bleiben schwierig. Das Kind kann sich zwar verändern, aber weiterhin wird in seinem eigenen Umfeld nicht direkt auf seine Bedürfnisse reagiert. Zu einem grossen Teil bleibt das Kind allein mit seiner für ihn unbefriedigten Situation in seinem Umfeld. Eltern geben den Auftrag damit extern ab, es ist dies eine Art von „Outsourcen". Dies ist nicht immer abzulehnen, es gibt Situationen, da gibt es keine andere Möglichkeit. Aber stets ist zu überlegen: Was für eine Wirkung hat dies wohl auf das Kind? Berechtigt die Situation diese Wirkung? Können wir dem Kind unser Handeln erklären?

Die Kinder, die mein Büro betreten, um Hilfe zu holen, sind zwischen vier und dreizehn Jahren alt. Sie haben viele Jahre Leben vor sich. Noch vieles ist machbar. Ihr Hirn entwickelt sich erst und ihr Leben wird sich noch unzählige Male verändern. Sie sind noch gänzlich abhängig von ihren nächsten Bezugspersonen. Daher lohnt sich der Einsatz umso mehr. Je mehr Positives sie in ihren Kinderjahren erleben dürfen, umso lebenstauglicher können sie als Erwachsene in unserer Gesellschaft wirken. Aber sie brauchen Vorbilder, ihre nächsten Bezugspersonen, die ihnen zeigen, wie die Welt zu verstehen ist. Wie Oliver Sacks schreibt, „Kinder können sich die Welt, in der sie leben, nicht aussuchen – die geistige und emotionale Welt ebenso wenig wie die Physische; sie sind – jedenfalls anfangs – abhängig von dem, was ihre Mütter (ihre erste Bezugsperson – Anm. der Autorin) ihnen zugänglich machen."[51] Und weiter: „Kinder scheinen die ihnen von ihren Müttern nahegebrachte kognitive Welt (und auch den von ihnen vermittelten, Stil') getreulich zu kopieren."[52] Die aktive, fragende, wissbegierige Geisteshaltung eines Kindes entsteht nicht spontan oder automatisch durch Eindrücke und Erfahrungen. Vielmehr braucht es dazu einen kommunikativen Austausch, der das Kind stimuliert. Es braucht die Interpretation und die Zuordnung der Eindrücke und Erfahrungen sowie den Dialog.

Ich gehe davon aus und bin überzeugt, dass zu Beginn jeder Begegnung mit mir die Eltern nur das Beste für ihr Kind wollen. Auch das Kind will, dass alles möglichst schnell wieder gut ist und es allen Personen, die es liebt, genügt. Ebenfalls wollen dies jede Beiständin, jede Lehrperson und alle Hortmitarbeitenden. Aber manchmal verlangt dieser Weg dorthin mehr von ihnen, als sie zunächst denken. Nicht selten bedeutet eine Veränderung einen großen Aufwand über Jahre hinweg. Die Möglichkeiten werden oft schnell entdeckt, aber die Betroffenen schrecken vor der Aufgabe zurück und demotivieren so das Kind. Es wird in dem Glauben, dass ihm eine Veränderung zum Guten gelingen kann, in diesen Momenten nicht gestützt. Bereits Goethe brachte es mit seinem Sprichwort auf den Punkt: „Es ist nicht genug, zu wissen, man muss auch anwenden; es ist nicht genug, zu wollen, man muss auch tun." Aber leider hat jeder Mensch seine Grenzen. Die Möglichkeiten und die Fähigkeiten eines jeden unterscheiden sich stark und sind von den Lebensumständen abhängig. Das Leben hat viele Hürden und es braucht eine unterstützende Umgebung, viel Vertrauen in sich selbst und in seine Liebsten, damit der Mensch die Kraft zum Handeln aufbringt.

51 Sacks (1990), S.104.
52 Ebd., S. 105.

Nicht alle Eltern sehen sich in der Lage, etwas in ihrem Leben so zu verändern, damit das Kind mehr Raum bekommt. Es gibt Eltern, denen ich ihre zentrale Bedeutung für ihr Kind nicht genügend verdeutlichen kann. Zum Teil haben sie andere Lebensvorstellungen wie finanzielle Ziele, berufliche Ansprüche, Berücksichtigung anderer Familienmitglieder oder sonstige Verpflichtungen. Es ist tatsächlich nicht leicht, ein Gleichgewicht zwischen all den Ansprüchen, die sie an sich selbst haben und die andere an sie stellen, zu finden. Dazu würden sie einen starken Glauben an sich selbst brauchen. Viele Eltern müssen diesen zuerst selbst einmal finden, bevor sie ihn an ihr Kind oder ihre Kinder weitergeben können. Aber die Gespräche bei mir im Büro, sofern sie dennoch stattfinden, sind wertvoll. Sie können eine Reorganisation und ein Überdenken ermöglichen. Sie sind eine Chance. Für alle ist es eine wichtige Sache, die eigenen Grenzen kennenzulernen. Denn: Grenzen überschreiten kann man erst, wenn man sie sieht! Die Wahl zwischen dem Versuch etwas Neues zu wagen oder das Alte weiter zu erdulden, ist ein grosser, bedeutungsvoller Entscheid. Es ist für alle Beteiligten wichtig, dass er bewusst getroffen wird.

Am Entschluss der Eltern, die Probleme ihres Kindes anzugehen oder nicht, kann sich die Schule ausrichten. Die Schule muss sich nämlich auch entscheiden. Sie erkennt, dass dieses Kind leidet. Im Schulzimmer werden schwierige Situationen nicht lange hingenommen, eine Verbesserung der Situation wird angestrebt. Die Kinder haben ein Recht auf Unterstützung und da hat die Schule sehr viele Möglichkeiten. Verschiedene Spezialisten stehen zur Verfügung, die die Kinder im Unterricht fördern. Der Anspruch zu handeln und positiv zu wirken gilt in der Schule von Gesetzes wegen. Es wird selbstständig mit dem Kind allein gearbeitet.

In den Fällen, bei denen dies nicht genügt und die Eltern für keine Zusammenarbeit zu gewinnen sind, kann es dazu kommen, dass der Fall an die politische Aufsichtsbehörde weitergeleitet wird. Das bedeutet, dass die Schulsozialarbeit jetzt nicht mehr zuständig ist. Für die Eltern wird es dann schwierig: Während die Zusammenarbeit mit der Schulsozialarbeit für sie grundsätzlich freiwillig war, sind die weiteren Anordnungen nun nicht mehr freiwillig. Die Verantwortung und die Fallführung liegen jetzt bei der Kreisschulpflege, der Aufsichtsbehörde der Schule, und ihren Sachverständigen. In der Schweiz gibt es eine gesetzliche Schulpflicht und ein Recht auf die Schule. Die Eltern haben die Pflicht, dieses Recht ihren Kindern zu gewährleisten. Wenn die Zusammenarbeit mit der Schule nicht funktioniert, kann von der Aufsichtsbehörde, nach einer Abklärungsphase, den Eltern und den Kindern ein Schulhauswechsel oder gar ein Wechsel in eine spezielle Schule, den speziellen Bedürfnissen des Kindes entsprechend, vorgeschlagen werden.

Wenn auch die Möglichkeiten der Kreisschulpflege in Zusammenarbeit mit dem schulpsychologischen Dienst ausgeschöpft sind und immer noch keine Zusammenarbeit mit den Eltern zustande gekommen ist, muss die „Kinder- und Erwachsenenschutzbehörde“ KESB[53] eingeschaltet werden. Die Eltern werden zur Zusammenarbeit verpflichtet und dies jetzt auf unfreiwilliger Basis. In meiner 20-jährigen Laufbahn als Schulsozialarbeiterin ist dies in meinem Schulhaus nur zweimal vorgekommen.

Es gibt auch die Situation, dass die Lehrpersonen, die Hortmitarbeitenden, die Ämter, oder die Schulleitung die vielfältigen Interventionsmöglichkeiten der Schulsozialarbeit einfach übersehen.

Es bewährt sich daher, wenn Lehrpersonen, die im täglichen Umfeld der Kinder agieren, von der Schulleitung angehalten werden, bei jeder neuen kritischen Situation, die sich als hartnäckig erweist, zu überlegen und abzuschätzen, ob es sinnvoll wäre, die Schulsozialarbeit beizuziehen.

Schulsozialarbeit ist ein freiwilliges Angebot. Damit es gut genutzt wird, sind die Lehrpersonen wichtig. Bei Situationen, in denen sie Schulsozialarbeit als sinnvoll erachten, können sie ein Gespräch mit Kind und Eltern organisieren und die Zusammenarbeit vorschlagen. So erhält die Familie eine Chance, ihr Kind auf unkomplizierte Art zu unterstützen. Ebenfalls gilt dies für die Sozialarbeitenden der Sozialzentren. Bei speziellen Bedürfnissen eines schulpflichtigen Kindes lohnt es sich immer abzuwägen, ob es das Kind unterstützt, wenn die Schulsozialarbeit der entsprechenden Schule des Kindes involviert wird. Stärker vernetzte Zusammenarbeit der interdisziplinären Fachpersonen kann daher vor Fehleinschätzungen schützen und den Kindern unnötig negativ einschneidende Erlebnisse ersparen.

---

53 Mit dem Inkrafttreten des neuen Kindes- und Erwachsenenschutzrechts im Jahr 2013 wurde das 100-jährige Vormundschaftsrecht abgelöst. Eine der wesentlichsten Veränderungen betrifft die Behördenorganisation. Gemäss Bundesrecht sind die künftigen Kindes- und Erwachsenenschutzbehörden (KESB) unabhängige und interdisziplinär zusammengesetzte Fachbehörden. Im Kanton Zürich gibt es 13 Kindes- und Erwachsenenschutzbehörden. Sie unterstehen direkt der Aufsicht der Direktion der Justiz und des Innern (Gemeindeamt). Mit Ausnahme der Stadt Zürich sind diese Behörden interkommunal organisiert.
Die Kindes- und Erwachsenenschutzbehörde der Stadt Zürich (KESB) ist – wie alle Kindes- und Erwachsenenschutzbehörden – in ihren fachlichen Entscheiden unabhängig; administrativ ist sie dem Sozialdepartement zugeordnet. Die KESB der Stadt Zürich besteht aus dem Präsidium, zwei Vizepräsidien und sechs weiteren Mitgliedern sowie drei Ersatzmitgliedern (https://www.stadt-zuerich.ch/portal/de/index/politik_u_recht/kindes_und_erwachsenenschutzbehoerde/ueber_die_kindes_und_erwachsenenschutzbehoerde.html).

4.10 Ich kann dir nicht helfen, wenn du mir nicht sagst, worum es geht

Unsere Problemlösungsstrategien sind oft von einer Art „Mode“ geprägt. Gerne möchten wir die Probleme hören, die in den Medien oder in unseren Berufskreisen gerade aktuell erwähnt werden. Aber häufig stimmen diese nicht mit dem wirklichen Bedürfnis unserer Klienten überein. Die Einstellung des Klienten ernst zu nehmen, es ihm zu überlassen, was die Schwierigkeit ist, ist eine Frage des Ansatzes. Ich wähle den partnerschaftlichen Ansatz. Der Klient ist der Experte für sein Leben. Er beschreibt mir, wo sein Schuh drückt. Ein Mensch erlebt viel, das meiste kann er selbst bewältigen. Wo braucht er aber unsere professionelle Hilfe? Dieser Ansatz, bei dem der Klient selbst bestimmen darf, woran gemeinsam gearbeitet wird, verlangt vom Professionellen Geduld und Ausdauer und die Fähigkeit, aktiv zuzuhören. Wenn ich den Klienten auf die Art wahrnehme, wie er es mir zeigen möchte und sein eigentliches Bedürfnis erkenne, habe ich den Fall mindestens bis zu einem Drittel oder mehr gelöst, je nach Komplexität seiner Geschichte.

Dieses Vorgehen wird umso schwieriger, je mehr Leute involviert sind. Eine sehr gute Zusammenarbeit, eine klare Rollenklärung und viel Vertrauen ineinander sind gefragt.

Fallbeispiel Emanuel

Von einer Kindergärtnerin wurde mir ein kleiner Junge, Emanuel, aus dem ersten Kindergartenjahr zugewiesen. Bereits seit sechs Wochen besuchte er den Kindergarten. Die Eingewöhnungszeit war längst vorbei. Die anderen Kinder hatten sich an den Kindergarten gewöhnt. Sie kannten das sich immer wiederholende Tagesprogramm und fingen an, sich an den Kindergärtnerinnen zu orientieren. Nur Emanuel wollte dies nicht. Er weigerte sich. Schon beim Verabschieden von den Eltern hatte er sich an seine Mutter geklammert und zu weinen begonnen. Er war nicht bereit, allein zurückzubleiben. Selbst wenn sie sich nur in die Garderobe des Kindergartens zurückzog, weinte er ohne Unterbrechung. Er schlug um sich und warf Spiele und Gegenstände von den Tischen. Immer wieder suchte er seine Mutter. Er rannte zu ihr, hängte sich an sie und liess sie nicht mehr los. Weder die Kindergärtnerinnen noch die Mutter konnten ihn bändigen. Sein Deutsch war schlecht, weshalb die Kindergärtnerinnen vermuteten, dass er sie nicht verstand. Vielleicht sei dies der Grund, weshalb er den Kontakt zu den anderen Kindern nicht suche und ihn der Kindergarten nicht interessiere. Aber was tun? Sein Alter und sein Entwicklungsstand sprachen für den Kindergarteneintritt.

Nachdem der Kindergarten, die Kindergärtnerinnen, die dazugehörende Heilpädagogin und die Eltern sechs Wochen lang versucht hatten, den Jungen einzugewöhnen und es nicht gelungen war, meldeten sie Emanuel bei mir an. Zu mir ins Büro kam ein süsser Junge, mit ganz offenen, grossen blauen Augen. Sehr schnell entdeckte er die vielen Spiele in meinem Zimmer und wies seine Mutter, welche ihn begleitete, darauf hin. Am liebsten wollte er sogleich mit Spielen beginnen. Als er sich ein Spielzeug griff, trat ich auf ihn zu und begrüsste ihn. Ich sagte ihm, ich würde mich freuen, dass er zu mir käme. All diese Spiele wären aber meine Spiele, wir könnten gerne etwas zusammenspielen, aber er müsste mich fragen. Diese Aussage bremste seine Freude etwas. Es schien, dass er damit nicht gerechnet hatte. Er schaute seine Mutter verzweifelt an. Da mir gesagt worden war, er könnte nicht gut Deutsch, war es für mich zunächst schwierig, die Situation zu deuten. Hatte er mich nicht verstanden oder passte ihm nicht, was ich ihm gesagt hatte? Die Mutter übersetzte ihm, was ich gesagt hatte. Emanuel fiel sofort in sich zusammen und senkte seinen Kopf.

Der erste freudige Ansturm auf meine Spiele war durch mein Auftreten jäh abgebrochen. Der Junge war davon ausgegangen, dass er allein mit seiner Mutter war, ungestört von anderen Personen und irgendwelchen Zwängen, obwohl er sich in meinem Büro befand. Meine Intervention hatte ihn gekränkt oder zumindest erschreckt. In dieser Sitzung war nicht viel mit ihm zu machen. Er wollte gar nichts mehr. Mit der Mutter sprach ich hingegen viel. Der Junge sass still dabei, sehr aufmerksam. Wir sprachen über das Verhalten von Emanuel. Wie der Junge auf den Kindergarten reagierte, war für die Mutter unerwartet. Sie hatte viel Zeit mit ihm auf dem Spielplatz verbracht. Dort hätte er keine Scheu, mit anderen Kindern Kontakt aufzunehmen, er spielte gerne mit ihnen, erzählte die Mutter. Sie würde ihn gar nicht auf diese Art kennen, wie er sich bei uns in der Schule zeigte. Er sei zwar ein Einzelkind, aber sie hätten Kontakt zu Nachbarn. Die Mutter war ratlos. Ich sprach sie auf seine Deutschkenntnisse an. Die Kindergärtnerinnen hätten dies als grosses Problem beschrieben. Die Mutter nickte, es könnte sein, dass er nicht alles verstand. Aber dennoch, bis jetzt sei dies noch nie zum Problem geworden. Kinder brauchten eigentlich keine Worte, um sich zu verständigen, meinte sie.

Es gab in der Folge zwei weitere Sitzungen mit Emanuel, der Mutter und mir. Wir sprachen über sein Verhalten zuhause, im Kindergarten oder wenn die Familie Freunde traf. Emanuel hörte während unserer Sitzungen immer gespannt zu, war aber nie bereit, beim Abschlussspiel, welches ich absichtlich wählte, mitzuspielen. So spielte ich mit seiner Mutter und er schaute zu. Die Situation war somit ähnlich wie im Kindergarten, wo er sich ebenfalls weigerte, am Programm teilzunehmen. Der Mutter empfahl ich, täglich mit ihm fünf bis zehn Minuten zuhause zu spielen, um ihre Beziehung zu stärken. Die Situation im Kindergarten veränderte sich indessen nicht. Weiterhin blieb die Mutter täglich im Kindergarten präsent und begleitete ihren Sohn. Es musste dringend eine Lösung gefunden werden.

Beim dritten Treffen erzählte mir die Mutter, sie und ihr Junge hätten schon vor dem Eintritt oft über den Kindergarten gesprochen und er hätte sich immer darauf gefreut. Sie verstand nicht, weshalb alle anderen Kinder sich an den Kindergarten gewöhnt hätten, nur ihr Sohn nicht. Plötzlich schaute er sie erstaunt an. Ich sah es ihm an, er hatte etwas zu sagen. Also richtete ich mich an ihn und fragte ihn, was der Grund dafür sein könnte, dass die anderen Kinder Spass im Kindergarten hätten, nur er nicht. Nur er möchte immer mit seiner Mami sein, die anderen wären schon Freunde. Da richtete er sich auf, strahlend und mit grossen Augen, so als müsste ich die Antwort schon längst wissen. Er wäre doch noch gar nicht fünf Jahre alt, sagte er zu mir. Alle anderen im Kindergarten wären fünf Jahre alt. Die Mutter lachte fröhlich. Das stimmte schon, erklärte sie, das hätte sie ihm tatsächlich früher gesagt, etwa vor einem Jahr, als er gedrängt hätte, in den Kindergarten zu gehen. Da vertröstete sie ihn, indem sie ihm sagte, zuerst müsste er seinen fünften Geburtstag feiern und dann dürfte auch er in den Kindergarten. Sie lachte laut. Er war zufrieden, als er seine Mutter hörte. Er nickte. Er war erleichtert. Seine Mutter hatte ihn verstanden. Ja, sie hatte ihm dies gesagt und er hatte es sehr, sehr ernst genommen. Sie versuchte ihm nun zu erklären: „Du wirst ja bald fünf Jahre alt. Es geht nicht mehr lange." Der Junge wurde jetzt etwas wütend und antwortete: „Ich bin es aber noch nicht. Wenn ich fünf bin, gehe ich in den Kindergarten, aber jetzt bin ich noch zu klein." Die Mutter schüttelte den Kopf. Der Junge wirkte ganz anders als bei den letzten Treffen. Er schien viel wacher zu sein. Er hatte bemerkt, was ihn störte. Wie konnte seine Mutter von ihm verlangen, in den Kindergarten zu gehen, wo er doch noch zu jung war?

Ich erkundigte mich nach seinem Geburtstag. Die Mutter meinte, das dauerte gar nicht mehr lange, noch zwei Monate. Er wurde ungeduldig und wollte mehr über seinen Geburtstag wissen. Wie lange zwei Monate wären und was sie unternehmen würden. Er freute sich riesig auf seinen Geburtstag. Er erklärte mir, da würde man dann so gross, dass man allein in den Kindergarten gehen dürfte. Die Stimmung hatte sich schlagartig geändert, er war jetzt fröhlich. Seine Mutter und ich versicherten ihm, es ginge nicht mehr lange. Er wurde aufgeregt. Ich frage ihn, ob er dann allein ohne Mami im Kindergarten sein könnte. Er lachte, dies wäre kein Problem. Er wäre ja dann fünf Jahre alt, wie all die anderen Kinder. Sein Deutsch, zwar nicht ganz korrekt, schien für ihn nun auch kein Problem mehr zu sein. Anschliessend war er zum ersten Mal bereit, ein Spiel mit mir und der Mutter zu spielen, das ich aussuchte. Es war eine gelungene Sitzung, wir hatten alle gute Laune. Beim Verabschieden versprach ich der Mutter, sie noch am selben Tag anzurufen.

Bei diesem Telefongespräch riet ich ihr, seinen Geburtstag für dieses Jahr vorzuschieben, mit allem Drum und Dran. Ich versprach ihr auch, mit den beiden Kindergartenlehrpersonen zu sprechen, damit der Geburtstag auch im Kindergarten früher gefeiert werden könnte. Die Mutter zögerte, aber nach einer Weile konnte ich sie überzeugen, dass es für ihren Sohn wichtig sei, die Welt in Ordnung zu bringen. Er hatte sich aufgrund ihrer Aussagen eine Reihenfolge vorgestellt und er war nicht bereit, auf diese zu verzichten. Er wollte zuerst fünf Jahre sein, dann selbstständig werden und allein, ohne Mutter, im Kindergarten bleiben. Er wollte gleich alt sein wie die anderen Kinder. Die Mutter willigte ein. Der Vater, die Grosseltern und die ganze restliche Familie wurden einbezogen. Ich besprach mich mit dem Kindergarten. Alle fanden es eine lustige, ungewöhnliche Idee. Aber alle erklärten sich dazu bereit, mitzumachen. In der kommenden Woche feierten wir seinen fünften Geburtstag. Nichts fehlte, weder im Kindergarten noch zu Hause. Und siehe da, bereits am nächsten Tag war der Junge bereit, allein im Kindergarten zu bleiben. Seine Mutter konnte sich von ihm bei der Garderobe verabschieden, wie es auch die anderen Eltern taten. Der Junge integrierte sich mit der Zeit reibungslos wie alle anderen Kinder in die Gruppe.

Weder sein Deutsch noch seine Beziehung zu seiner Mutter und den Eltern wurden je zu einem Problem. Der Junge, der demnächst die Primarschule abschliessen wird, kann sich heute kaum noch an seinen holprigen Start im Kindergarten erinnern. Die Welt hatte für ihn in einem bestimmten Moment nicht mehr gestimmt. Es war kein Reife-, Beziehungs- oder sprachliches Problem gewesen. Jedoch hatte eine grosse Gefahr bestanden, dass wir Erwachsenen daraus ein weit grösseres Problem gemacht hätten. Eines, das nicht mehr so einfach zu lösen gewesen wäre.

Wenn die Eltern und die Professionellen rund um ein Kind die Welt und die Fragen zur Welt des Kindes nicht verstehen können, wird es schnell kompliziert. Jede Intervention setzt neue Realitäten in die Welt. So wird es immer schwieriger zu verstehen, was der ursprüngliche Stolperstein war und wo die Verwirrung angefangen hat. Bei diesem Jungen hatten wir Glück, die Mutter hat die Not ihres Sohnes verstanden und ihm konnte schnell geholfen werden. Sie war zudem bereit und in der Lage gewesen, zwei Monate lang täglich Morgen für Morgen den Vormittag mit ihm im Kindergarten zu verbringen. In unseren Treffen haben wir dann glücklicherweise den Schlüssel zu seiner

Verwirrung gefunden. Mit der Vorverlegung des Geburtstags haben wir die Welt nach seiner Vorstellung eingerichtet. Und so war es für ihn möglich, sie wieder zu verstehen.

Für uns Professionelle ist die Situation besonders komplex, wenn ein Kind unser Klient ist. Zu einem Kind gehören die Eltern. Oft empfinden die Eltern etwas anderes als schwierig, als das Kind. Sie interpretieren gleiche Situationen aus einer anderen Perspektive. Schwierig ist es in diesem Moment für die Sozialarbeitenden zuzuhören. Die Arbeit fängt immer dort an, wo der Klient selbst das Problem spürt. Entweder kann das Kind den Stolperstein selbst erkennen oder es fängt dort an, wo die Eltern ein Bedürfnis wahrnehmen. Die Eltern sind überlebenswichtig für ihre Kinder. Ohne sie gelingt nichts, was wir auch immer versuchen. Weil die Rollen der Eltern und Lehrpersonen stark verbunden sind, muss zwischen Eltern und Schule ein Bündnis geschlossen werden. Sie zeigen oft die gleichen Stärken oder Schwächen. „Wenn einer ein Loch in den Boden des anderen Schiffes bohrt, werden die Hosen beider nass."[54] Und wir Schulsozialarbeitenden müssen diese beiden, Elternhaus und Schule, so zusammenführen, dass wir ihnen verständlich machen können, dass sie zusammen eine Lösung für die Bedürfnisse des Kindes anbieten müssen.

Um den Augenblick der Konvergenz zu erreichen, müssen wir die Bedürfnisse des Kindes erfassen und verstehen. Als zweiten Schritt müssen wir die Eltern sowie die Lehrpersonen und das Hortpersonal mit an Bord nehmen. Auch sie alle müssen das Bedürfnis des betroffenen Kindes verstehen können. Ansonsten ist der Stolperstein weder für den Klienten, das Kind, noch für uns zu überwinden. Es ergibt sich daraus eine unlösbare Geschichte, die sich nach dem Schneeballprinzip ständig weiterzieht und verkompliziert. Nach dem Erreichen der Konvergenz fühlt sich das Kind verstanden und ist wieder handlungsfähig. Vielleicht hat es bereits Strategien, wie es vorwärtskommen kann und war nur blockiert, da es selbst sein Bedürfnis nicht erkennen konnte. Das ist eine häufige Situation bei Kindern, erst recht, wenn sie noch klein sind, z. B. im Kindergartenalter. Das Gefühl der Konvergenz motiviert das Kind und wirkt sich schlussendlich aktivierend aus.

---

54 Omer, 25.11.05, Zürich.

Die Klienten kommen zu uns in einem Moment der Orientierungslosigkeit. Sie wissen nicht mehr weiter. Das Ziel ist, dass sie sich nach unserer Intervention wieder allein zurechtfinden. Das heisst, sie können uns ihr Leiden zeigen und sind selbstständig fähig, ihre Bedürfnisse zu benennen. Wie es im Vorwort des Buches von Mira Rottenberg[55] beschrieben ist:
"Just letting these children live in their rage together with somebody who does not counteract. And suddenly their rage has no sense any more, defense is not needed, and sanity survives."

In der Schulsozialarbeit halten wir die Orientierungslosigkeit der Kinder, welche sich oft als Wut oder Trägheit auswirkt, aus. Sie sind blockiert, da sie selbst nicht mehr wissen, was sie brauchen. In diesen Momenten strenge ich mich an, ihnen ganz genau zuzuhören und zuzusehen. Die Kinder äussern sich auch nonverbal. Ich versuche nicht allzu schnell auf Themen einzusteigen, die sie vorbringen, sondern ich höre und schaue ihnen bis zum Schluss zu. Und oft geht da eine Türe auf. Plötzlich erkennen sie den Stolperstein von selbst. Die Lösung wird dann meist einfach, ja nahezu banal sein. So einfach, dass ein Kindergartenkind sie eben verstehen und bewältigen kann. Und die Lösung muss ganz sanft vorgeschlagen werden, mit viel Respekt für den erlittenen Schmerz. Es braucht dazu Kreativität und Würde vor dem Gegenüber.

4.11 Wunsch versus Wille

In einer meiner Sitzungen mit einem Vater und seinem Sohn arbeitete ich am Thema „Wunsch oder Wille“. Als ich ihnen den Unterschied erklären wollte, unterbrach mich der Vater plötzlich sehr erfreut. Sein Vater habe ihm genau das Gleiche immer wieder erklärt anhand folgender Geschichte:
Ein junger Mann wurde auf einer Wanderung immer hungriger. Er lief gerade durch ein schönes Gebiet voller Apfelbäume, da wollte er unbedingt einen Apfel essen. So legte er sich unter den grössten Apfelbaum und wartete, bis ein Apfel herunterfiel. Aber es passierte nichts. Er wartete und wartete. Die Mittagszeit war bereits vorbei und er hoffte weiter. Aber kein Apfel fiel herunter. Als es langsam zu dämmern begann, lief eine alte Frau vorbei. Sie fragte ihn, warum er denn hier so untätig auf der Wiese herumliege. Da antwortete er, er komme von weit her und sei sehr hungrig. Er warte darauf, bis ein Apfel vom Baum falle. Die Frau schaute ihn entsetzt an und meinte: „Nimm dir einen Stab, dann kannst du dir selbst einen Apfel herunterholen.“

55 Rothenberg (1987), S. 5.

Und ich möchte noch hinzufügen: Tu es! Mit Warten verpasst du viel! Das Thema „Wunsch versus Willen“ ist eines meiner Lieblingsthemen. Es ist der entscheidende Punkt, an den man nach langer, intensiver Zusammenarbeit gelangt. Es ist der Moment, in dem das Kind begriffen hat, worum es geht. Alle Umstände sind bestmöglichst für das Kind eingerichtet und nun kommt der letzte Schritt. Diesen muss das Kind selbst tun. Die letzte Entscheidung muss das Kind selbst fassen und umsetzen.

Zu klären ist zunächst der Unterschied zwischen Wunsch und Willen. Bei einem Wunsch wartet man brav, bis er erfüllt wird von einer lieben, verständigen Lehrerin, von Mami und Papi, vom lieben Gott oder einfach von einer guten Fee – ohne eigene Anstrengung. Beim Willen dagegen braucht es den persönlichen Einsatz. Will ich etwas erreichen, kostet es einen Preis. Und daher stellt sich die Frage, welchen Einsatz ist es mir wert? Wie viel bin ich bereit, dafür zu opfern?

Wenn ich endlich mit einem Klienten zu dieser entscheidenden Frage komme, ist vorher bereits viel und intensiv gearbeitet worden. Der Klient und ich kennen uns in- und auswendig, so gut, dass wir miteinander auch Witze über den jeweils anderen machen können. Keiner ist nach dieser langen Zeit der Zusammenarbeit beleidigt, denn man kennt sich und weiss, man ist in guten Händen. Aber bei dieser Frage wird es wirklich ernst, da geht es um das Ganze: Bist Du nun bereit, den Einsatz zu leisten, um dein Ziel zu erreichen? Der Wille ist eine starke Antriebskraft: Wo ein Wille ist, ist auch ein Weg. Aber dennoch, es wird anstrengend und es braucht Durchhaltevermögen. Ein einziger Versuch reicht meistens nicht. Wenn ich mit einem Kind bei dieser Frage angelangt bin, beginnt das lange Trainieren des neuen Verhaltens. Dazu braucht es, dass sich das Kind und seine „Helfer“ immer wieder des Moments „bewusstwerden“, wenn es neu eingeübt werden muss. Manchmal dauert es ein Jahr, bis das Kind wirklich verstanden hat, worum es geht und wie es seine Kräfte einsetzen kann, um sein Ziel zu erreichen. Diese Phase der Zusammenarbeit kann enorm anstrengend sein und braucht ein grosses Durchhaltevermögen aller Beteiligten.

Nicht selten treffe ich auf Eltern, die wie versteinert sind. Sie sehen, dass es ihrem Kind nicht gut geht, aber sie sind völlig blockiert und haben keine Ahnung, was sie tun könnten, damit es ihrem Kind besser geht. Ich erkläre mir diesen Zustand als eine Art Schutzreflex. Es ist eine Reaktion auf eine Vielzahl von Herausforderungen, die diese Eltern bewältigen müssen, obwohl sie eigentlich selbst überfordert oder zu erschöpft sind. Sie haben meistens viel erlebt, Krankheiten, Verletzungen, Flucht, Schmerzen, grosse Verluste, unverarbeitete Traumata, überwältigende emotionale Erfahrungen,

Desorientierung, Erniedrigungen, Scham und insbesondere Furcht. Ich erlebe diese Eltern wie Igel, welche sich bei Gefahr zusammenrollen und ihre Stacheln nach aussen strecken. Aber es ist paradox, denn genau diese Schutzmassnahme gegen den Eindringling von Aussen birgt eine grosse Gefahr. Die Abgeschlossenheit und Isolation dieses Rückzugs können zum Gefängnis werden.

Wenn ich auf eine solche Familie treffe, beginnt die Arbeit damit, Vertrauen bei den Eltern aufzubauen. Die Eltern müssen einen Weg zu mir finden, aber auch zu den zuständigen Lehrpersonen und der Schulleitung, die bei diesen hartnäckigen Fällen meist involviert sind. Das Personal der Schule fühlt sich vor den Kopf gestossen durch die Auflehnung der Eltern. Diese wiederum fühlen sich unverstanden, angegriffen und nicht ernst genommen. Sie denken, ihr Kind werde schlechter behandelt als andere Kinder.

Solche Eltern können bei den professionellen Betreuungspersonen wie Lehrpersonen oder Hortarbeitenden eine Art Helfersyndrom auslösen. Sie schlagen sich auf die Seite des Kindes in der Meinung, man müsse dieses Kind vor seinen Eltern schützen. Damit verschanzen sich alle Partien hinter einem dicken Schutzwall. Alle wollen sich und das Kind vor dem Angriff des Gegenübers schützen. Aber das Kind steht mittendrin, mal auf dieser Seite und mal auf der anderen. Es wird einsam und fühlt sich alleingelassen. So ein Kind hat es schwer, seinen eigenen Willen zu finden. Es möchte es allen recht machen, schafft es aber nicht. Meine Aufgabe als Schulsozialarbeiterin ist es in solchen Fällen, zuerst einen Konsens zwischen all diesen Erwachsenen herzustellen. Für diesen Schritt ist es wichtig, dass ich als Erstes die Eltern aus ihrer Starre lösen kann, damit sie wieder aktiv werden können.

Fallbeispiel Jussuf

Jussuf war bereits im Kindergarten wegen massiver Schwierigkeiten aufgefallen. Seine Familie – eine Flüchtlingsfamilie – war aus dem Thurgau nach Zürich zugezogen. Sein Vater war Kulturvermittler. Ein Kulturvermittler ist eine Art Übersetzer, der in der aktuellen Migrationsgesellschaft in Integrationsprozessen zum Einsatz kommt. Er vermittelt zwischen der Kultur der Migranten und der Kultur des Einwanderungslandes. Er kennt beide Kulturen gut, hat selbst die Integration in die Schweiz geschafft und kann die Unterschiede erklären.

Jussufs Vater, der Kulturvermittler, stammte aus Kurdistan. Er kannte durch seine Arbeit viele problematische Migrationsgeschichten und bekam als Begleiter dieser Familien auch viele verschiedene erfolgreiche Lösungswege mit. Die Mutter, eine gebildete Frau aus dem Iran, ging seit ihrer Flucht in die Schweiz keiner ausserhäuslichen Beschäftigung mehr nach. Sie kümmerte sich ausschliesslich um den Haushalt und die fünf Kinder. Die Familie lebte seit einigen Jahren in der Schweiz.

Bereits zwei ihrer Kinder gingen in unsere Schule. Die älteste Tochter hatte die Schule ruhig und zuverlässig absolviert. Ich lernte sie während ihrer Schulzeit nicht kennen. Ihr jüngerer Bruder war hingegen sehr unruhig und fühlte sich oft von seinen Mitschülern überfordert. Er war sieben Jahre alt, als die Familie vom Land nach Zürich zog. Die Probleme mit ihm fingen erst in Zürich an, wie die Familie erzählte. Er hatte das Gefühl, die anderen Kinder respektierten ihn nicht. Ich lernte die Eltern kennen infolge der Auffälligkeiten dieses ältesten Sohnes. Das dritte Kind, wieder ein Junge mit Namen Jussuf war für den Kindergarten in ein anderes Schulhaus eingeteilt worden. Bereits nach einem halben Jahr war er dort den Lehrpersonen aufgefallen und auf deren Wunsch hin vom schulpsychologischen Dienst untersucht worden. Diese Abklärung hatte ergeben, dass er unter massiven Lernschwierigkeiten litt. Die Schule verzichtete in der Folge bei ihm auf die Notengebung und er wurde schliesslich der Heilpädagogischen Schule zugeteilt. Dies bedeutete, er blieb tatsächlich in der Regelklasse, war aber einem Integrationsprogramm unter der Verantwortung der Heilpädagogischen Schule zugeteilt. Für die Eltern war dies sehr schwer zu akzeptieren. Sie sahen die diagnostizierten Beeinträchtigungen nicht. Die Heilpädagogische Schule konnte den Draht zu den Eltern nicht finden, weshalb sich diese zurückzogen. Die Eltern interpretierten das Verhalten der Schule als Rassismus gegen Muslime. Trotz ihres Misstrauens wagten sie aber nicht, sich zu wehren oder nachzufragen, wie die Schule zu solch einer Diagnose bei ihrem Sohn gekommen war.

Derweil spürte der Sohn die Unzufriedenheit der Eltern mit der Schule. Er konnte kein Vertrauen zu den Lehrpersonen aufbauen. Er verlangte immer Ausnahmen für sich. Zudem fühlte er sich ungeschützt vor den anderen Kindern. Bei jeder Kleinigkeit, bei jeder kleinsten Differenz mit einem anderen Kind überreagierte er und kam dabei selbst in die totale Verweigerung. Wenn er verärgert war, war er blockiert und nicht mehr ansprechbar. Sein Verhalten provozierte die anderen Kinder und sie fingen an, ihn zu bespucken. Es ging nicht lange und er wurde zum idealen Mobbingopfer in seiner Klasse. Einerseits wurde er gehänselt und andererseits rastete er aus. Die Lehrpersonen hatten auch Mühe mit ihm und in den Elterngesprächen konnten keine Lösungen gefunden werden, da die Eltern sich von den Lehrpersonen verraten fühlten und gar kein Vertrauen hatten. Jussuf war mittlerweile in der dritten Klasse. Die Situation nicht mehr haltbar. Die Eltern wurden als unkooperativ erlebt. Der Junge musste das Schulhaus wechseln. Er wurde von der Kreisschulpflege in unser Schulhaus, wo der ältere Bruder zur Schule ging, eingeteilt. So lernte ich Jussuf kennen.

Er selbst klopfte an meine Tür. Er wollte einen Termin mit seinen Eltern bei mir vereinbaren. Ich kannte die Eltern bereits von der Zusammenarbeit mit ihrem älteren Sohn. Zuerst reagierte der Vater überhaupt nicht auf meine Einladungen. Die Mutter antwortete auf meine Einladungen, entschuldigte sich aber für jedes Treffen, da sie an starken Kopfschmerzen leide und erschien ebenfalls nicht. So begann ich meine Arbeit mit Jussuf allein. Er war enttäuscht von der Schule und wütend, da man ihm nicht erlauben würde, einmal eine gute Ausbildung zu absolvieren. Auf meine Frage, wie er zu diesem Schluss komme, meinte er, auf Grund der fehlenden Notengebung bei ihm. Wenn er keine Noten im Zeugnis habe, dann wolle ihn doch keiner, kein Lehrmeister.

Da er aber, wie ich wusste, meistens keine Hausaufgaben erledigte und auch in der Regel das Schulmaterial zu Hause liess, antwortete ich ihm, dass er sich darüber keine Gedanken machen müsse, denn wenn er – wie jetzt in der Schule – sowieso alles, was ihm sein zukünftiger Chef mitgeben würde, jeweils zu Hause ließe, dann würde dieser Chef sein Zeugnis ohnehin nicht anschauen wollen. Er stutzte ein wenig über diese Antwort. So kamen wir ins Gespräch. Ich erklärte ihm, fast alles sei möglich, wenn er nur wolle. Ich erklärte ihm den Unterschied zwischen Wunsch und Wille. Und ich sagte ihm, er bräuchte seine Eltern, wenn er wirklich weiterkommen wolle. Er sollte sie mir deshalb ins Büro mitbringen. Er stutzte wieder, aber erledigte für dieses Mal die ihm gestellte Aufgabe.

Tatsächlich erreichte er es, dass sein Vater zu mir kam. Sein Vater schien im Vergleich zu den früheren Treffen bzgl. der Zusammenarbeit mit dem älteren Sohn diesmal gekränkt. Er verstand die Situation nicht. Er half in der Funktion seines Berufes als Kulturvermittler vielen Kindern und Eltern, nur seinem Sohn konnte er nicht weiterhelfen. Er sah die Lernbehinderungen seines Sohnes nicht ein, von denen die Schule sprach. Er wusste, dass sein Sohn zu Hause nichts tat für die Schule, er sei völlig demotiviert und sie, die Eltern könnten ihn auch nicht dazu bewegen. Aber der Vater war überzeugt, dass Jussuf, wenn er lernen würde, in der Schule so gut wäre wie seine Geschwister. Nach einigen Gesprächen mit dem Vater allein und mit Vater und Sohn gemeinsam war mir klar, dass die Eltern, solange sie die Lernschwierigkeiten nicht selbst erlebt hätten, die Schuld weiterhin den „Vorurteilen" der Schule zuschieben würden. Es gab für mich keinen anderen Weg, als es sie ausprobieren zu lassen.

Ich erklärte dem Vater unser System der Sonderbeschulung, die richtig verstanden ein Privileg ist. Dieses Privileg kostet die Stadt sehr viel Geld. Aber wenn er den Sinn darin nicht sieht, müsste er nicht „ja" dazu sagen. Diese spezielle Beschulung seines Sohnes wäre nämlich nur möglich, weil er zugestimmt hätte.

Es ging lange, bis mir der Vater glaubte, dass seine Meinung, dass die Meinung der Eltern zählte! Ich erklärte ihm, die Schule könne allein gar nichts beschliessen an Sondermassnahmen ohne das Einverständnis der Eltern. Die Verantwortung läge immer bei den Eltern, Jussuf sei *ihr* Sohn. Die Mutter kam in der Folge ebenfalls zu den Sitzungen. Zunächst glaubten die Eltern mir nicht. Sie dachten weiterhin, die Schule wäre rassistisch und entschied über ihren Kopf hinweg. Wieder und wieder erklärte ich den beiden, dies ginge nicht. Sie staunten. Sie fragten mich, ob sie denn auch die Macht hätten, diesen Sonderstatus wieder aufzuheben? Ich bejahte, aber eben nur, wenn sie, die Eltern aktiv würden. Sie müssten einige Gespräche mit den Verantwortlichen führen und die Verantwortung für ihren Sohn und dessen Lernen übernehmen. Die Eltern bedankten sich bei mir. Sie wollten diesen Weg allein gehen. Mir war es recht, denn es war ein heikles Unterfangen. Aber ich wollte, dass die Eltern erfuhren, dass sie die volle Verantwortung für *ihr* Kind zurückgewinnen könnten.

Es verging beinahe ein Jahr und ich hörte nichts mehr von den Eltern. Jussuf hatte weiterhin seine Probleme in der Schule und ich versuchte sie da und dort zu lösen. Nach über einem Jahr fasste der Vater Mut und unternahm die notwendigen Schritte, um seinen Sohn wieder als regulären Schüler mit Notengebung in die Normalklasse einzuteilen. Es wurden viele schlaflose Nächte für den Vater. Die Mutter blieb im Hintergrund. Es hiess, sie sei schwach und krank. Auch in der Schule herrschten Aufregung und Unsicherheit wegen dieser Rebellion des Vaters. Für die Heilpädagogische Schule war es schwierig mit Eltern umzugehen, denen sie die Beeinträchtigung ihres Sohnes nicht aufzeigen konnten. Jussuf aber fühlte sich schnell besser. Er gab sich plötzlich mehr Mühe in der Schule. Er kam in mein Büro und erzählte mir, was sein Vater für ihn tat. Er war sehr stolz auf seine Eltern. Er gab sich Mühe, immer an sein Schulmaterial zu denken. Seine ältere Schwester unterstützte ihn sehr bei den Hausaufgaben. Seine schulischen Leistungen blieben indes schwach. Die Eltern bestanden dennoch darauf, dass er nicht mehr von den Noten befreit war. Im ersten Zeugnis waren die Noten schwach, aber nicht so schwach, wie die Lehrpersonen erwartet hatten.

Unerwarteterweise erklärte sich die Mutter nun bereit, regelmässig zu meinen Terminen zu kommen. Sie kam immer etwas früher als geplant. Sie nutzte die Zeit, um mit mir noch ein paar Worte allein zu sprechen. Sie wollte sich mehr im Quartier integrieren und einen Deutsch-Kurs besuchen. Ich konnte ihr einen im Gemeinschaftszentrum vermitteln. Einige Wochen später sprach sie davon, dass sie wieder etwas schlanker werden wollte und mit einer anderen Mutter ihrer Siedlung zweimal die Woche am Abend eine Stunde spazieren ging. Sie sagte mir, dies sei auch prima, um über die Kinder und die Erziehung zu sprechen. In den Sitzungen mit dem Jungen ging es indes nur sehr zäh vorwärts. Er hatte Mühe zu verstehen, dass er nun keinen Sonderstatus in der Klasse mehr hatte, keine extra Lehrerin mehr für ihn zuständig war und er selbst zu den Lehrpersonen gehen musste, wenn er etwas nicht verstand. Er musste lernen, selbst aktiv zu werden. Tausendmal haben seine Mutter und ich ihm zugeredet, wie wichtig es sei, dass er im Unterricht aktiv mitmache und sich nicht wie z. B. im Turnen – wenn etwas nicht so lief wie er wollte – einfach an den Rand setzen konnte. Es ging lange, bis er verstand, dass nicht nur sein Vater, sondern auch er zu entscheiden hatte, was er wollte. War es nur ein Wunsch von ihm, so zu sein wie die anderen, behandelt zu werden wie die anderen oder wollte er den Neuanfang wirklich anpacken. Er schwankte hin und her. Eine Woche ging es besser, die andere wieder schlechter. Und dann kam der grosse Durchbruch.

Die Mutter kam in mein Büro und bat darum, dass ich den Jungen aus dem Unterricht holte, sie hätte uns etwas zu erzählen. Als ich das tat, waren wir beide gespannt. Sie holte tief Luft und teilte uns freudig mit, sie hätte es geschafft: Sie hätte nun wieder eine Arbeitsstelle. Jussuf müsste nun zweimal die Woche im Hort zu Mittag essen und selbst an seine Sachen denken, ab dem Beginn des nächsten Monats könnte sie in einer Krippe zu 30 % aushelfen. Sie strahlte und war überglücklich. Der Junge freute sich auch, denn er wusste, wie schwer es seiner Mutter gefallen war, den ganzen Tag zu Hause zu sein. Sie wollte nützlich sein und andere Leute treffen. Ich atmete tief durch und fragte Jussuf, ob er beim Erfolg dieses Projektes seiner Mutter behilflich sein möchte, indem er Verantwortung übernahm. Er bejahte schnell. Es war ihm wichtig, dass es seiner Mutter wieder besser ging.

Ich hatte noch viele Sitzungen mit Jussuf. Die Lehrpersonen halfen uns sehr mit wöchentlichen Smiley-Listen[56], die zeigen sollten, was der Junge gut machte und was er noch verbessern konnte. Es erforderte viel Übung und

56 Smiley-Listen: Das Kind wird zu bestimmten gemeinsam vereinbarten Zielen täglich von den Lehrpersonen mit einem lachenden oder weinenden Smiley bewertet. Es sollten nicht mehr als drei Ziele sein. Diese Ziele bleiben konstant über eine Phase von ungefähr drei Monaten, bis zu deren Auswertung, bestehen.

eine Menge Arbeit, aber es ging vorwärts. Die Familie hatte ihre Selbstachtung zurückgewonnen und nun lag ihr weiteres Schicksal in ihren eigenen Händen. Dies spürte man. Jussuf erreichte den Durchbruch nicht gleich. Er hatte mit dem Schulstoff zu kämpfen, bekam aber Unterstützung durch seine Geschwister. Seine Motivation, zu lernen und Hausaufgaben zu erledigen, nahm sichtlich zu. Er wurde fähig, Freunde in der Klasse zu finden, stand während der Pausen nicht mehr allein auf dem Pausenhof herum und sah sich als Teil der ganzen Klasse. Er wurde viel fröhlicher.

Fallbeispiel Maya

Eine ähnliche Entwicklung habe ich mit einem anderen Kind erlebt, einem Mädchen namens Maya, das in die 6. Klasse ging, dem wichtigen Jahr, in dem man in die Oberstufe eingeteilt wird. Die Lehrpersonen sahen bei Maya grundsätzlich das Potenzial für die oberste Sekundarstufe, die Sek A, aber ihr Verhalten in der Klasse sprach dagegen. Ihre Arbeitsmotivation war viel zu schwach und sie hatte zu viele Konflikte auf dem Pausenplatz und im Schulzimmer. Während des Unterrichts war sie die meiste Zeit völlig unmotiviert und beteiligte sich grösstenteils nicht daran.

Maya suchte mich von selbst auf, da sie am Vortag einem Jungen ins Gesicht geschlagen hatte. Sie war über ihr Verhalten verzweifelt und wollte etwas daran ändern. Wir hatten lange Gespräche über Dinge, die sie gut meisterte in ihrem Leben und über Dinge, die ihr schwerfielen. Als ich sie fragte, was ihr denn am meisten helfen würde, wieder Motivation für die Schule und das konzentrierte Lernen zu gewinnen, meinte sie, wenn sie mehr mit ihrer Mutter zusammen sein könnte. Aber ihre Mutter arbeite als Taxifahrerin und hatte es nicht in ihrer Hand, wann sie zu Hause sein konnte. Sie, Maya, aß oft allein oder ging abends allein ins Bett. Einen Vater gab es in ihrer Familie nicht. Sie verstand aber sehr gut, weshalb ihre Mutter es nicht anders einrichten konnte und war ihr nicht böse. Die Mutter wusste auch, dass ihre Tochter nicht gerne so viel allein war, aber sie sah keine Möglichkeit, um aus dieser verzwickten Situation herauszukommen. Gleichzeitig wollte Maya es unbedingt in die Sek A schaffen. Ich fragte sie, ob ich ihre Mutter für ein Gespräch einladen dürfe, dies lehnte sie aber ab, um die Mutter nicht zu belasten.

Die Sitzungsthemen wiederholten sich und irgendwann wurde ich etwas ungehalten oder spielte es ihr zumindest vor. Wir waren wieder am heiklen Scheidepunkt zwischen Wunsch und Willen angekommen. Ich zählte ihr alles auf, was ich über sie wusste. Und zeigte ihr, dass wir eigentlich alle Daten gesammelt hatten, um ihr Problem zu lösen. Es fehlten uns nur noch ihr Entscheid und der Mut, wirklich etwas zu unternehmen!

Sie verstand nicht recht. Ich zählte ihr nochmals alles auf, was wir wussten:

- Das Potenzial für die Sek A hatte sie. Bei entsprechendem Einsatz konnte sie den Übertritt in die Sek A erreichen.
- Sie fühlte sich zu oft alleingelassen.
- Wenn sie viel allein war, wurde sie wütend und demotiviert.
- Ihre Mutter musste viel arbeiten und dafür hatte sie Verständnis.

Ich stellte außerdem fest: „Deine Mutter darf ich nicht einladen, um eine Möglichkeit zu finden, wer bei dir sein könnte, während sie arbeitet. Und was brauchst Du nun?" Da endlich kam ihr die Idee: Sie selbst müsste jemanden suchen, der mit ihr sein könnte und bei dem oder der sie sich wohl und motiviert fühlen würde wie bei ihrer Mutter. Mir gefielen ihre Schlussfolgerungen. Die Ferien standen vor der Tür und sie hatte die Möglichkeit, etwas zu unternehmen. Sie äusserte den Wunsch, zu ihrer Grossmutter zu reisen, zur Mutter der Mutter. Nun war ich wirklich begeistert. Sie erlaubte mir nun auch, mit der Mutter zu telefonieren und dies zu besprechen.

Die Mutter war sehr freundlich und verstand das Anliegen ihrer Tochter. Die Grossmutter lebte allein und war äusserst erfreut über den Besuch ihrer Enkelin. Sie wohnte allerdings im Ausland. Nach dem Ferienaufenthalt beschloss sie jedoch, für einige Wochen in die Schweiz zu kommen und half Maya damit sehr. Maya arbeitete in der Schule nun tatsächlich besser, so dass sie es schaffte, in die Sek A eingeteilt zu werden.

Bei unserem Abschlussgespräch meinte Maya: „Ich habe gelernt, wenn ich etwas wirklich *will* und dafür den richtigen Einsatz zeige und verstehe, um was es tatsächlich geht, dann kann ich es erreichen!"

4.12 Es ist nicht die Krankheit, sondern das erkrankte Individuum zu behandeln[57]

Es gibt ausgesprochen schwierige Fälle und Kinder, die unglaubliche Entwicklungen durchlaufen. So ein Kind ist Pablo. Die Arbeit mit Pablo war sehr hart. Er ist mittlerweile in der 5. Klasse. Ich habe Kontakt zu seinen Lehrpersonen und zu den Eltern, aber heute gibt es keine Beschwerden, keine ungelösten Rätsel oder Fragen mehr. Alles was ansteht, ist für die Eltern und die Lehrpersonen dieses Kindes machbar. Im Hort scheint sich die Situation ebenfalls beruhigt zu haben. Das Kind geht seinen eigenen Weg. Ich sehe es

57 Hippokrates (460–370 v. Chr).

im Schulhaus, in den Pausen. Manchmal sieht es mich und lächelt mich an. Ab und zu verbringt es auch seine Pausen auf der Treppe vor meiner Bürotür. Dort versammeln sich die Kinder gerne. Vielleicht suchen sie etwas Schutz. Dieses spezifische Kind, Pablo, weiss, wie unendlich lang und hart unsere Arbeit war, bis sich alles beruhigen konnte. Wie unerreichbar das Ziel schien – ihm, seinen Eltern und allen Beteiligten.

Mich erstaunt es immer wieder, wie sich derart schwierige Fälle lösen können. Unauflösbare Problemstellungen verschwinden plötzlich von selbst. Und nicht nur, dass sie verschwinden, auch die verschiedenen Lehrpersonen vergessen die problematischen Geschichten. Oft ziehen sich die schwierigen Fälle über Jahre hin. Jeder, der daran mitarbeitet, arbeitet ein Stück des Problems ab. Wie wenn ein Stein im Fluss geschliffen wird und so plötzlich ein Stein wie jeder andere ist, auf seine Art speziell, aber dennoch einer, der seine scharfen Kanten und spitzen Ecken abgeschliffen hat. Und er passt ins Flussbett, wie all die anderen Steine um ihn rundherum. Und die, an denen er sich abgeschliffen hat, wurden dabei auch geschliffen! Entweder können all die Beteiligten den immensen Einsatz gut nehmen, freuen sich an dem, was sie bei einem anderen Menschen erreichen können und sehen die kleinen Fortschritte, die sich ergeben durch die gemeinsame Arbeit aller Involvierten oder aber sie verzweifeln an dem Engagement, das sie leisten müssen und ziehen sich von der Arbeit zu früh zurück – bevor die ganze Arbeit getan ist und bevor der Erfolg wirklich sichtbar wird.

Auch hier sehe ich ein Arbeitsfeld der Schulsozialarbeit: im Motivieren und Stärken aller Involvierten, denn sie brauchen einen so langen Atem wie das ungelöste Problem des Kindes andauert. Immer wieder versuche ich, die allerkleinsten Fortschritte hervorzuheben und mehrfach zu betonen, so dass auch jeder Beteiligte mitbekommt, dass Fortschritte tatsächlich passieren. Nicht immer gelingt es mir. Ich brauche dazu das Vertrauen der Involvierten. Aber meistens gelingt es mir. Und je mehr Beispiele ich nenne, in denen eine Veränderung bzw. eine Verbesserung erreicht werden konnte, umso mehr wird mir Vertrauen geschenkt. Daher lohnt es sich immer, über die eigenen Erfolge zu sprechen, auch wenn es vielleicht etwas unangenehm ist.

Fallbeispiel Pablo

Pablo fiel der Lehrperson bereits in der ersten Klasse auf. Er verlangte immer eine zusätzliche Einladung, reagierte nicht auf die regulären Anordnungen, bewegte sich nicht frei im Schulzimmer und wollte von der Lehrperson bedient werden. Sobald die Lehrperson auf einer Anforderung insistierte, verweigerte sich Pablo, verkroch sich unter dem Tisch, weinte laut, schrie herum, dass er nach Hause wolle, und beruhigte sich über eine lange Zeit nicht mehr. Er war untragbar für die Klasse. Wollte die Lehrperson Pablo aus dem Zimmer weisen, hielt er sich am Schulmobiliar fest oder stiess Stühle und Tische um. Turnstunden waren für die Lehrperson noch viel aufwendiger, da ihm die meisten Übungen zuwider waren und er jede Stunde mit einem grossen Klamauk unter- oder sogar abbrach. Die Lehrpersonen kamen an ihre Grenzen. Sie entschieden sich dafür, mich zu involvieren.

Als Erstes nahm ich Kontakt mit dem Hort auf. Von dort kamen ähnliche Rückmeldungen. Der Umgang mit diesem Kind war schwierig, sowohl im Klassenrahmen als auch im weit offeneren Rahmen des Hortes. Jeder Moment konnte sich zu einer Krise entwickeln. Pablo tat sich schwer mit anderen Kindern. Er konnte nicht teilen, konnte nicht mitmachen, war sehr unselbstständig, brauchte bei jeder Tätigkeit Hilfe und blieb am liebsten den ganzen Tag an einem Ort sitzen. Dennoch war seine Stimme laut, er schrie und machte sich mit seiner lauten Stimme bemerkbar. Es war schwierig, in einem Hort mit 40 Kindern diesem einen Kind gerecht zu werden.

Ich traf mich mit Pablo. Er genoss die Treffen mit mir sehr und wollte immer mit mir spielen. Er erzählte mir oft, dass niemand lieb zu ihm sei. Pablo war einverstanden, dass ich seine Eltern mit ihm zusammen zu einem Treffen einlud. Die Eltern kamen. Ich brauchte eine Übersetzerin, da beide nicht Deutsch sprachen. Die Eltern waren sehr besorgt um ihr Kind. Sie hatten das Gefühl, der Hort und die Schule verlangten zu viel Selbstständigkeit von ihrem Pablo. Sie sahen vieles als grosse Gefahr. Schon die Klettertürme auf dem Pausenplatz fanden sie viel zu hoch, den Weg von der Schule in den Hort viel zu weit und vieles mehr. Nach langen Gesprächen mit den Eltern erfuhr ich, wie schwierig die Zeit nach Pablos Geburt gewesen war. Das Kind hatte die Geburt beinahe nicht überlebt. Er war körperlich mehrfach beeinträchtigt, musste einige Operationen über sich ergehen lassen. Zum Glück verliefen alle erfolgreich. Dennoch hatten die Eltern das Gefühl der lebensbedrohenden Situation ihres Kindes noch nicht abgelegt. So hörte ich z. B., dass sie täglich ihr bald schon acht Jahre altes Kind in die Schule trugen. Zuhause verwöhnten sie Pablo, da sie so froh waren, dass er lebte! Sie erzählten mir auch, wie der Hort und bereits die Kindergärtnerinnen sie immer wieder gebeten hätten, Pablo nicht zu tragen, da er alt genug wäre, selbst zu gehen – so hätten sie Pablo in Sichtweite des Schulhauses und der Lehrpersonen laufen lassen und ihn erst später hochgehoben. Die Eltern waren überzeugt, Pablo konnte den Weg nicht selbst bewältigen.

Die Lehrpersonen und die Hortmitarbeitenden waren alle schon länger von den Eltern direkt informiert worden über die vielen Operationen, die Pablo nach der Geburt hatte bewältigen müssen. Aber die Lehrpersonen und Hortnerinnen waren überzeugt, dass Pablo nun alles konnte, was für andere Kinder in diesem Alter möglich war. Die Eltern erlebten die Situation anders. Sie waren in ihrer Angst um Pablo gefangen. Ich wusste, dass es keinen Sinn hätte, den Eltern zu erklären, die Lehrpersonen und die Hortmitarbeitenden hätten viel Erfahrung und könnten ihr Kind gut einschätzen, weshalb sie ihnen vertrauen könnten. Ich sah ihre Angst um Pablo und ihre grosse Liebe zu ihm. Wir sassen in meinem Büro und sie erzählten mir von den schwierigsten Situationen. Ich konnte mir vorstellen, wie schlimm es sein muss, ein Kind zu gebären und kurz danach die Angst zu haben, es würde einem wieder genommen. Die einzige Hoffnung, die einem bleibt, ist das Vertrauen in die Medizin und in die Ärzte. Eine schwierige Situation, erst recht in einem fremden Land, ohne Unterstützung von Familie oder Freunden; es gab nur diese fremden Spitäler. Alles was man hatte, war in deren Händen. Und danach, nach Spital, Ärzten und Operationen, war man allein gelassen – plötzlich sollte alles regulär, das Kind gesund, sein. Es brauchte keine Ausnahmen mehr, keine Ängste, keine Befürchtungen. Plötzlich sprach niemand mehr davon. Das Leben sollte selbstverständlich sein, wie es bei allen anderen war.

Die Eltern und auch das Kind waren von diesem Anspruch überfordert. Die Familie war unfähig, so schnell ins reguläre Leben zurückzukehren. Es waren erst zwei Jahre vergangen seit der letzten Operation. Sie brauchten Zeit und nach wie vor besondere Aufmerksamkeit.

Zum Glück hatte ich wunderbare Hortmitarbeitende und Lehrpersonen rund um mich. Sie schenkten mir und meiner Einschätzung der Situation volles Vertrauen. Ich bat sie, so zu tun, als wären die lebensbedrohenden Situationen gerade erst noch da gewesen. Das heisst, ich verlangte von ihnen eine Umdrehung um 180 Grad. Statt den Eltern und Pablo vorzuhalten, „die bedrohliche Zeit ist schon lange vorbei“, kamen wir, die Schule, den Eltern nochmals entgegen, um mit ihnen zusammen den Weg von den traumatischen Ereignissen hin zum regulären Alltag zu gehen. Es war ein grosser Aufwand und brauchte viel Überredungskunst von mir, viel Aufklärung. Es war notwendig, dass unser ganzes Betreuungsteam Pablo und seine Eltern dort abholten, wo sie standen.

Wir setzten also bei Pablos angeblichen physischen Gebrechen an. Ich ersuchte das schulische Umfeld, Pablo für alles uns selbstverständlich Scheinende zu loben. Lehrpersonen und Hortmitarbeitende sollten sich glücklich zeigen, dass er am nächsten Tag wieder in der Schule, im Hort erschien. Ich wollte, dass sie den Eltern ihre Freude darüber zeigten, dass das Kind laufen, singen, sprechen und lachen konnte. In den Gesprächen mit den Eltern sollten sie sich begeistert zeigen über die allergewöhnlichsten Dinge. Im Hort bekam das Kind täglich bevor es nach Hause ging seine fünf Minuten extra Zeit, allein mit einer Bezugsperson, die ihm zeigte, wie wunderbar es gewisse Dinge den Tag hindurch gemeistert hatte, Dinge, welche eigentlich für Kinder in diesem Alter selbstverständlich waren, wie z. B. selbstständig zu essen. So erreichten wir sehr viel. In meiner Arbeit mit den Eltern und dem Kind fing Pablo an, den Eltern seine Wünsche aufzuzählen: Er wollte zu Hause ein Glas und nicht mehr länger aus der (Baby-)Flasche trinken, er wollte Besteck und selbstständig essen. Er wollte sich selbst anziehen und nicht mehr im Bett liegend von der Mutter angezogen werden. Er wollte einen Stuhl ohne Stütze. Er wollte allein zu Fuss in die Schule laufen. Er fühlte sich stark genug, seine Schultasche selbst zu tragen. So ging es langsam vorwärts. Und nicht wir, die Professionellen, überzeugten die Eltern von der Gesundheit ihres Kindes, sondern Pablo selbst übernahm diese Aufgabe, denn er bekam Freude am Leben und an seiner Selbständigkeit. Pablo sah, dass er gleich war wie die anderen Kinder in seiner Klasse und die Motivation, dazuzugehören, stieg täglich.

Mit der Zeit versuchte Pablo auch, Freundschaften zu schließen. Im Hort begann er, mit anderen Kindern zu spielen. Obwohl es anfangs häufig zu Streitereien und Eifersucht kam, legte sich das mit der Zeit. Was blieb, war das Problem im Schulzimmer, er weigerte sich weiterhin, Prüfungen zu schreiben und beim Vorlesen mitzumachen. Das war auffällig, weshalb die Lehrpersonen die Eltern ersuchten, die Augen des Kindes nochmals untersuchen zu lassen. Zuerst zeigten sich die Eltern verärgert über das Ansinnen, da das Kinderspital doch alles getestet habe und die Augen in Ordnung seien. Nach einigen Gesprächen brachten wir die Eltern doch dazu, den Sehtest zu wiederholen. Pablos Sehvermögen erwies sich tatsächlich als sehr schwach, eine Brille war unbedingt notwendig. Bis die Brille vorlag, bemühten sich die Lehrpersonen, alle Blätter für ihn in einem viel grösseren Format auszudrucken. Das wirkte. Das Kind war nun bereit, Prüfungen zu schreiben. Als Pablo in die vierte Klasse kam, meldeten mir der Hort und die Klassenlehrpersonen, dass nun eigentlich alles in Ordnung wäre. Sobald Pablo und seine Eltern damit einverstanden waren, beendete ich unsere Treffen.

Anderthalb Jahre später fragte ich nach, wie es Pablo, der immer noch bei uns in der Schule war, ging. Sie fanden, er entwickle sich ganz im Rahmen. Sie hätten noch die Lese-Rechtschreib-Schwäche abgeklärt. Dort bestünde noch ein spezieller Förderbedarf. Ich fragte, wie die Eltern auf diese Abklärung reagiert hätten. Die Lehrpersonen versicherten, die Eltern seien jetzt enorm kooperativ. Ich war sehr zufrieden. Endlich konnten sich die Lehrpersonen um die Probleme kümmern, für die sie die Experten waren. Pablo selbst schaute ab und zu noch bei mir zum Plaudern oder Spielen vorbei, aber die Probleme hatten sich erledigt.

4.13 Wir müssen nicht wissen, sondern zuhören

Fallbeispiel Aysa

Aysa ging in die zweite Klasse, ihr achter Geburtstag lag zwei Monate zurück. Sie stammte aus einer muslimischen Familie. Ihr Bruder war auch bereits in unser Schulhaus gegangen, bei ihm war die Schulzeit unauffällig verlaufen. Jetzt aber wandten sich Aysas Lehrerinnen besorgt an mich. Aysa wirke seit Neuestem sehr traurig und zurückgezogen. Sie gehe nicht mehr gerne in die Pause und überhaupt meide sie den Kontakt mit den anderen Kindern. In der Stunde sage sie nur wenig, im Turnen nutze sie jede Gelegenheit, um nicht mitmachen zu müssen. Dies habe sich noch verschärft, seit sie acht Jahre alt geworden war. Kurz vor ihrem Geburtstag war sie auch das erste Mal mit Kopftuch in die Schule gekommen. Seitdem trage sie es jeden Tag.

Ich fragte die Lehrerinnen, ob sie glaubten, ihr Verhalten habe etwas mit dem Kopftuch zu tun, ob sich ihr Verhalten geändert habe, seit sie das Kopftuch trug, aber die Lehrerinnen konnten es nicht bestätigen. Aber das abgrenzende Verhalten fiel jetzt mehr auf. Aysa versuchte mit der Klasse möglichst wenig Kontakt zu bekommen. Sie wurde immer stiller. Wenn man sie etwas fragte, antworte sie so leise, dass man sie kaum hören konnte. Und manchmal hätten die Lehrerinnen sogar Angst, sie würde gar nicht mehr sprechen. Zunächst traf ich mich mit Aysa allein. Einige Wochen später vereinbarte ich mit der Mutter einen Termin. Ich war sehr gespannt auf ihre Geschichte. Die Frau, die mein Büro betrat, entsprach gar nicht meinen Erwartungen, sie war eine junge, stämmige Frau mit grossen, offenen Augen. Sie trug ein Kopftuch und war in ein langes, traditionelles Kleid gehüllt. Sie schien ein bisschen wütend und streitlustig zu sein, gar nicht wie ihre Tochter, die immer sanft und ein bisschen abwesend an meinem Tisch sass. Ich merkte, dass diese Mutter etwas von mir wollte.

„Wir kommen aus Syrien", erklärte sie. Sie sagte es beinahe vorwurfsvoll. Ich verstand einen kurzen Moment lang nicht. Wir hatten viele Flüchtlinge aus Syrien bei uns im Schulhaus. Sie fuhr fort: „Wir sind schon länger in der Schweiz. Mein Bruder ist im Krieg gegen Israel erschossen worden! Mein

Vater ist schon früher gestorben." Da merkte ich, wie heikel das Gespräch nun wurde. Mir war nicht klar, was die Mutter von mir erwartete. Scheinbar wusste sie, dass ich oft in Israel bin und mich diesem Land verbunden fühlte. Ich bedauerte von ganzem Herzen, dass ihr Bruder im Kampf gegen Israel gefallen wäre und entschuldigte mich bei ihr, dass das israelische Militär ihn getötet hatte. Ich erklärte ihr auch, dass ich all die Kriege schrecklich fände und dass ich den Sinn dieses Leidens überhaupt nicht begreifen würde. Jeder Mensch hätte ein Recht auf ein würdiges Leben. Die Mutter stimmte mir zu. Sie sähe keinen Sinn im Tod ihres Bruders. Daher wäre es ihr so wichtig, dass ihre Kinder in einem Land aufwachsen könnten, wo kein Krieg herrschte. Ich konnte sie nur zu gut verstehen. Ich antwortete ihr, wie unglaublich schwierig es doch sein müsste, als Mutter die eigenen Kinder in einen Krieg zu schicken, während man doch wüsste, dass Lösungen auf einer anderen Ebene gesucht werden müssten. Die Mutter schien erleichtert zu sein. Hatte sie wirklich gedacht, ich würde nicht mit ihr arbeiten, da ihr Bruder gegen Israel gekämpft hatte? Nach diesem Gespräch öffnete sich die Mutter jede Sitzung mehr. Es war sogar so, als würde uns etwas noch stärker verbinden. Treffen um Treffen erzählte die Mutter mir mehr, um was es ihr wirklich ging, bei ihr und ihrer Tochter.

Im Gegenzug erklärte ich ihr die Schwierigkeiten aufseiten der Schule. Die Lehrerinnen machten sich Sorgen um ihre Tochter. Sie schloss sich von der Klasse aus und sprach immer weniger. Die Mutter bestätigte die Beobachtungen der Lehrpersonen. Auch zu Hause verhielt sich Aysa so, manchmal merkte man gar nicht mehr, dass sie zu Hause wäre. Ihre beiden Brüder wären da ganz anders. Der grosse Bruder besuchte das Gymnasium, er hatte es geschafft. Er hatte viele Freunde. Er war auch im Fussball-Club. Er machte keinen Unterschied, woher jemand kam und welcher Religion er angehörte. Der kleine Bruder war noch zu Hause, erst nächstes Jahr würde er in die Schule kommen, er war der Star des Vaters, ein ganz hübscher Junge. Nach dem Mädchen waren die Eltern froh gewesen, einen weiteren Jungen zu bekommen.

Ich begleitete die junge Frau lange. Sie erzählte mir in ihrem recht guten Deutsch von sich selbst und von ihrem Leben. Aber immer noch konnte ich nicht verstehen, woher ihr Ärger kam, den ich gespürt hatte, als sie das erste Mal mein Büro betreten hatte. Ich versuchte das Gespräch immer wieder auf ihre Tochter Aysa zu lenken. Eigentlich war unser Thema ihre Tochter. Und so erzählte sie mir eine Geschichte, die ihr vor ein paar Wochen im Beisein von Aysa passiert war. Sie und Aysa waren an einem Softeis-Stand angestanden und wollten ein Eis kaufen. Sie hatte Aysa das Geld in die Hand gegeben, damit diese das Bezahlen lernte. In der Schule, in der zweiten Klasse, nahm Aysa gerade das Thema Geld durch. Da kam ein Mann, der nach ihnen gekommen war und bestellte sich über den Kopf ihrer kleinen Tochter hinweg ein Eis. Die Frau, die am Stand arbeitete, bediente diesen Mann und liess Aysa warten. Da habe sie, die Mutter, den Mann darauf hingewiesen, dass sie und Aysa zuerst dran gewesen wären. Der Mann antwortete harsch und frech, er hätte es eilig, er könnte nicht warten. Sie wäre schockiert gewesen, sagte die Mutter von Aysa, immer noch sehr empört, und geantwortet, sie sei auch in Eile. Aber weder er noch die Frau, die bediente, kümmerten sich darum. Da hätte sie Aysa an der Hand genommen, und mit ihr, bevor sie das Eis erhalten hätten, den Stand verlassen. Mir rutschte eine Bemerkung heraus, wie „oh je", Aysa hatte sich bestimmt auf das Eis gefreut. Die Mutter ging darauf nicht ein, sie blieb bei ihrem Zorn und meinte, so etwas lasse sie sich nicht gefallen. Dies sollte auch Aysa lernen. Ich wollte wissen, wie Aysa die Situation verstanden hatte. Für die Mutter war klar, dass das Verhalten des Mannes ein Ausdruck von Rassismus war. Sie meinte, der Grund wäre das Kopftuch gewesen. Ich fragte nochmals nach: Nur das Kopftuch oder ihre islamische Herkunft? Sie bestand darauf, dass es am Kopftuch lag.

Natürlich wollte ich wissen, weshalb sie mir diese Geschichte erzählt hatte. Ich betonte nochmals mein Bedauern über den Vorfall und fragte dann, ob die Trauer, die die Lehrerinnen bei Aysa festgestellt hatten, damit in Verbindung stünde. Die Mutter nickte. Sie war sichtlich erleichtert, dass ich nach dem Zusammenhang fragte. Ohne Kopftuch wäre alles anders. Die Leute würden anders reagieren. Die Lehrpersonen hätten sich zuvor nie besorgt gezeigt. Erst jetzt, seit Aysa das Kopftuch trug, kämen die Sorgen. Ich musste zugeben, irgendwie stimmte das und andererseits stimmte es ganz und gar nicht. Aber ich behielt diesen Gedanken für mich. Die Puzzle-Steinchen passten nicht ganz zusammen.

Ich gestand der Frau, dass ich noch nicht ganz verstanden hätte. Sie seufzte tief und fing unter Tränen zu erzählen an. Sie selbst kam aus einer nicht religiösen Familie. Sie musste, bis sie 16 Jahre alt war und ihrem Mann zur Ehe versprochen wurde, kein Kopftuch tragen. Ihre Eltern hätten so etwas nie von ihr verlangt. Aber ihre Schwiegereltern und ihr Mann bestanden darauf. In ihrer eigenen Familie war es der später im Krieg gefallene Bruder, der bestimmen durfte, wen sie heiraten würde. Er ersetzte den bereits verstorbenen Vater als Oberhaupt der Familie. Und dieser Bruder hatte darauf bestanden, dass sie ihren heutigen Mann, der nun von ihr das Kopftuch verlangte, heiratete. Ihre Familie war arm und vaterlos. Keine guten Vorzeichen für eine junge Frau und ihre Zukunft. Schon bald nach der Heirat war ihr Bruder im Krieg gefallen und sie und ihr Mann flüchteten in die Schweiz. Ihr Mann hat sich mittlerweile von der Religion getrennt. Er betete nicht mehr fünf

Mal am Tag. Er kleidete sich wie jeder Schweizer. Man konnte nicht mehr erkennen, dass er aus Syrien stammte. Auch ihre Söhne dürften sich verhalten und die Kleider anziehen wie alle anderen Kinder im Quartier. Dies wäre alles kein Problem. Der grosse Junge dürtfe freitags ins Training gehen und müsste nicht zur Moschee mitkommen, nur sie und Aysa würden weiterhin gezwungen, sich an die Traditionen zu halten. Sie wollte Aysa kein Kopftuch anziehen, aber sie musste. Sie fand es selbst damals für sich schlimm und jetzt musste sie es ihrer Tochter antun. Ich fragte sie, ob sie Aysa gefragt habe, wie es für sie wäre. Sie antwortete mir, dies wäre zu schwierig für sie, sie könnte sie nicht fragen.

Es war eine komplizierte Geschichte. Ich brauchte Zeit, das Gehörte wirklich zu verstehen. Während der Termine mit der Mutter traf ich mich auch wöchentlich mit Aysa. Wir redeten nicht über das Kopftuch, sondern verblieben bei den Schulthemen. Wir vereinbarten mit den Lehrpersonen eine „Smiley Liste". Die Ziele für Aysa auf diesem Plan waren: Pro Schulstunde sich drei Mal melden; die Hausaufgaben erledigen und selbstständig abgeben; pro Tag mindestens eine Pause mit einem anderen Kind verbringen. Aysa erfüllte die Ziele nur mittelmässig bis ungenügend. Es war über Wochen keine Verbesserung zu sehen. Sie war immer noch sehr verschlossen und hatte die Fähigkeit, sich unbemerkbar zu machen. Es kam immer häufiger vor, dass die Lehrpersonen vergassen, die Smiley-Liste auszufüllen. Also funktionierte die Idee der Liste für Aysa eigentlich nicht. So kam ich in der Begleitung von Aysa an einen Wendepunkt.

Ich organisierte ein zusätzliches Treffen mit der Mutter allein. Ich hörte der Mutter nochmals zu und konnte nun die Zusammenhänge besser verstehen. Ich erklärte ihr, ich fände es wichtig, dass sie die Geschichte, wie sie zum Kopftuchtragen kam, Aysa und ihrem Mann erzählte. Auch sollte sie erwähnen, dass sie, wie sie mir gesagt hatte, jetzt das Kopftuch gerne trug, weil es sie an den Wunsch ihres verstorbenen Bruders erinnerte und es für sie nichts mit Verstecken oder Sich-Zurückhalten zu tun hatte. Diese Information wäre ein entscheidendes Zeichen für Asya. Der Sinn ihres Kopftuchtragens wich ab vom alleinigen religiösen Sinn. Sie hatte ihren eigenen Sinn darin gefunden, ihre ganz persönliche Bedeutung und übernahm die Verantwortung für ihr Tun. Diese, ihre persönliche Bedeutung war ihr wichtig und das wollte sie gerne ihrer Tochter weitergeben. Mühe mache ihr jedoch das reine Erfüllen des Auftrages ihres Mannes. Dies wollte sie ihrer Tochter nicht beibringen. Aber Dinge zu tun, die einen persönlichen Sinn haben, dies sei ihr wichtig. Das Kopftuch erinnerte sie an ihren Bruder und an seine Fürsorge für sie. Ihre Tochter aber müsste sich selbst überlegen, ob sie für sich selbst einen Sinn im Kopftuch fand.

Ich würde danach das Gespräch mit Aysa weiterführen und ihr erklären, dass sie sich, wenn sie sich jetzt in der Schule so zurückhielt, viel verbaute und immer hinter ihren Brüdern zurückblieb. Das sei nicht vorbestimmt, nur weil sie ein Mädchen sei. Auch sie müsste Verantwortung für ihr Verhalten übernehmen, mit oder ohne Kopftuch. Das Kopftuch an sich hätte in diesem Zusammenhang keine Bedeutung. Sie gab ihrem Kopftuchtragen selbst ihre persönliche Bedeutung. Ein Mädchen könnte lernen und in der Schweiz als Mädchen mit Kopftuch viel erreichen. Ich wäre sicher, der Vater sei bestimmt stolz, wenn seine Tochter gute Noten nach Hause brachte. Aber wenn sie das Kopftuchtragen verstand als Zeichen dafür, dass sie nicht berechtigt war zu lernen und mitzumachen, dann war dies ihre ganz persönliche Entscheidung, nicht die ihrer Eltern und nicht die ihrer Religion.

Die Mutter war zuerst sehr unsicher, ob sie ihrer eigenen Tochter ihre Geschichte erzählen sollte. Zuhause sprachen sie selten über die alten Erinnerungen aus der Zeit in Syrien. Sie versuchten, in der Gegenwart zu bleiben. Das Beisein des Vaters empfand sie ebenfalls als erschwerend. Ich erklärte ihr, wie schwierig die Situation würde, wenn es Geheimnisse zu Hause gibt und bot ihr an, zuerst ein Gespräch nur mit dem Vater zu führen. Nach kurzer Überlegung meinte sie dann doch, dies brauchte es nicht. Ich beteuerte nochmals, wie wichtig ich es fände. Schliesslich stimmte mir die Mutter zu.

Ich organisierte ein Treffen mit Vater, Mutter und Aysa. Schon beim Betreten meines Büros fiel mir die spezielle Stimmung auf. Die Mutter hatte sich sichtlich vorbereitet. Sie kam besonders schön angezogen. Der Vater kannte mich bereits von Schulanlässen oder von den jährlichen Standortsgesprächen im Schulzimmer mit seinen Kindern und deren Lehrpersonen, aber wir waren noch nie zusammen an meinem Tisch in meinem Büro gesessen. Die Stimmung war angespannt. Ich entschied mich, gleich zum Punkt zu kommen. Ich fragte die Mutter, ob sie den beiden bereits gesagt habe, dass sie heute etwas über sich erzählen möchte. Sie verneinte. Also wiederholte ich, die Mutter möchte heute etwas ganz Persönliches erzählen. Ich fragte den Vater, ob er bereit sei zuzuhören. Er nickte. Dann fragte ich Aysa. Sie wurde etwas verlegen und bejahte. Ich gab der Mutter das Wort. Die Mutter begann, von ihren Eltern und deren Leben in Syrien zu berichten. Sie erzählte, wie sie lernen wollte, aber da es immer die politischen Spannungen im Land gab, war es sehr schwierig. Schon früh fing ihr Körper an zu reifen, und es wurde erkennbar, sie wurde erwachsen. Da der Vater bereits gestorben war, bestimmte die Mutter, sie müsste nun das Lernen abbrechen und verheiratet werden und der älteste Bruder wurde beauftragt, Ausschau zu halten und einen passenden Partner zu finden. Die Mutter erzählte ihre ganze Geschichte, wie es zum Kopftuch kam und wie schwer es ihr fiel. Sie fühlte, dass sie ihre Freiheit mit dem Kopftuch und der bevorstehenden Vermählung verlor. Und wie ihr Bruder darauf bestand, dass sie das Kopftuch tragen sollte. Er schlug sie sogar einmal ins Gesicht, als sie es bei der Mutter zuhause ausziehen wollte. Er erlaubte ihr nicht einmal dies. Und dann kamen der Krieg und die Meldung, dass ihr Bruder im Krieg gefallen war. Da hatte das Kopftuch bei ihr eine andere Bedeutung bekommen. Es wurde für sie zur Erinnerung an den Wunsch ihres Bruders, für sie zu sorgen, wie es sonst ein Vater tut.

Es wurde alles nochmals anders, als sie dann in die Schweiz flüchteten. Sie sah keine Möglichkeit mehr, weiter zu lernen. Von nun an war ihr einziges Ziel, dass es ihren Kindern besser gehen sollte, als es ihr gegangen war. Es war ihr wichtig, dass die Kinder ohne Krieg aufwuchsen, das Elternhaus nicht plötzlich verlassen müssten und lernen könnten, was sie wollten. Die Mutter weinte während ihrer Erzählung immer wieder. Den Vater von Aysa wagte ich nicht anzusehen. Aysa, welche mittlerweile bereits neun Jahre alt war und in die dritte Klasse ging, hatte den Kopf gesenkt. Auch sie hatte Tränen in den Augen. Es war ein ehrlicher Moment, das war spürbar. Es war bewegend. Die Mutter wandte sich zu Aysa und sagte: „Es fiel mir so schwer, dir das Kopftuch anzuziehen. Aber ich habe es getan, weil dein Vater es so wollte. Ich selbst will meines nicht mehr ausziehen, denn es ist für mich, als wäre die Hand meines Bruders schützend über mir, aber du meine Tochter, ich möchte, dass du selbst entscheidest." Ich erschrak. Die Frage war mutig, ich wusste nicht, wie der Vater darauf reagieren würde. Er blieb still. Aysa antwortete schnell und sagte, sie wolle es anbehalten. Beide Eltern waren sichtlich erleichtert. Die Mutter fing an zu zittern, so gross war ihre Anspannung gewesen.

Die Mutter wurde vom Vater eingesetzt, der Tochter das Kopftuch anzuziehen. Aber die dazugehörende gehorsame Haltung wollte die Mutter ihrer Tochter nicht weitergeben. Die Mutter hat ihre Botschaft an ihre Tochter während unserer Gespräche gefunden, nämlich dass man die eigene Bedeutung finden muss in den Dingen, die man tut. Man trägt die Verantwortung für sich selbst. Die Mutter war an diesem Tag bereit, vor der Tochter und ihrem Gatten zu ihrer Meinung zu stehen. Ich beschloss, die Sitzung zu beenden und sagte, wir hätten heute viel Neues gehört. Da brauchte man ein Weilchen, um sich wieder zu orientieren. Ich verabschiedete mich von der Familie. Die Eltern gingen gemeinsam nach Hause, Aysa durfte noch für den Rest des Nachmittags in den Hort. Alle waren froh, das Gespräch hinter sich zu haben.

Einige Tage später kam Aysa zu mir und zeigte mir ihren Smiley-Plan. Es war alles ordentlich ausgefüllt, sogar mit Kommentaren und verschiedenen Farben. Aysa erklärte mir, sie würde nun die Pläne allein ausfüllen. Sie möchte unbedingt besser in der Schule mitmachen. Ich war erstaunt. Sie hatte den Plan so säuberlich und echt wie eine Lehrperson ausgefüllt. Ich hatte eine Riesenfreude. Ich sagte ihr, sie hätte ihre Mutter verstanden, dies wäre wunderschön für ihre Mutter. Sie ergriff die Chance, die ihre Mutter ihr geben wollte. Sie gab dem Leben ihrer Mutter einen Sinn. Einige Wochen machten wir so weiter. Aysa brachte mir ihre ausgefüllten Pläne und von den Lehrpersonen kamen immer mehr positive Rückmeldungen. Der Hort stellte ebenfalls fest, dass Aysa nun auch mit anderen Kindern plauderte oder sogar spielte. Nach weiteren drei Monaten konnte ich die Arbeit mit diesem Kind beenden. Ab und zu zeigte sie mir weiterhin ihre ausgefüllten Pläne oder sie kam zu mir, um neue, leere Pläne zu holen.

Zum Abschluss machten wir eine Sitzung zu dritt – die Mutter, Asya und ich. Die Mutter war sehr stolz auf ihre Tochter Aysa und Aysa verriet ihrer Mutter, sie möchte in der Schule ebenso gut wie ihr Bruder werden. Sie gab alles, was sie konnte. Die beiden fielen sich in die Arme. Die Hindernisse zwischen ihnen waren überwunden, nun konnten sie sich wieder nahe sein.

4.14 Ist das Glas halb leer oder halb voll? – Das hängt von dir ab!

Es gibt unter meinen Klienten Menschen, die über einen Teil ihrer Lebensgeschichte keine Kontrolle haben. Die Klienten und ihre Familie möchten diesen Teil manchmal nicht wahrhaben, aber manche Dinge lassen sich nicht ungeschehen machen. Oft schämen sich die Betroffenen später dafür. Als wäre es eine Strafe, die sie verdient haben. Zum Beispiel eine Strafe Gottes. Diese versteckte Scham führt oft dazu, dass schwere Schicksalsschläge verheimlicht werden. Sie könnten zeigen, dass man nicht ganz so perfekt ist, dass man nicht in unsere sehr effiziente, glänzende, erfolgsbetonte Welt gehört und fühlen sich ausgeschlossen. Solche Menschen tragen bittere Gedanken mit sich, haben Ängste und Hürden.

Das sind meine schwierigsten Fälle. Bei diesen ist eine große Nähe zum Kind und zu seinen Eltern notwendig. Ich muss mehrmals anfangen, eine Beziehung aufzubauen, weil meine Klienten mich immer wieder abschieben wollen. Es fällt ihnen schwer, mich auf ihre eigene Reise mitzunehmen. Sie denken nicht, dass ich sie verstehen könnte und nehmen an, dass ich, sobald ich von ihrer Bürde wüsste, kein weiteres Interesse hätte, sie zu begleiten. Es braucht viel Vertrauen und einen langen gemeinsamen Weg, bis die Familie mir, einer Aussenstehenden, Einblicke in ihren grossen Schmerz gibt und ich weiss, worum es geht. Es geht danach nicht immer mit einem Strahlen weiter. Manchmal braucht es einen abrupten Stopp. Oft gibt es Tränen. Tränen von ihnen oder manchmal sogar gemeinsame Tränen. Man muss trauern, lernen loszulassen und auf eigene Träume und Vorstellungen zu verzichten. Den Verlust, den Schmerz anzuerkennen, braucht Geduld und Zeit – von mir, vom ganzen System, von der Schule und von allen Beteiligten, bis das Kind und die Eltern sich sicher genug fühlen, den Schmerz zu akzeptieren. Der Schmerz besteht darin, dass sie erkennen, dass sie nicht das perfekte Los gezogen haben. Ihr Kind auch nicht. Und dies tut ihnen unendlich leid und dafür schämen sie sich. Ihr Kind kann doch nichts dafür! Warum hat es nicht die gleichen Chancen, das gleiche „normale", einfache Leben wie andere Kinder? Jetzt taucht die Schuldfrage auf: Warum ausgerechnet wir, warum unser Kind, warum ich?

Es gibt unzählige Geschichten, bei denen man sich fragt: Wie kann man da weiterleben? Geschichten, die uns den Atem stocken lassen, Geschichten von Krankheiten, Flucht, Kriegen und Verlusten. Aber um weiterzuleben, um weiter aktiv zu bleiben geht es darum, das „Trotzdem", welches Viktor Frankl in seinem Buch „... trotzdem Ja zum Leben sagen"[58], so gut beschrieben hat, zu finden. Denn wir wissen: Nichts ist perfekt, jedes Glas ist nur halb voll! Vielleicht ist ein Glas auf den ersten Blick voller als ein anderes, aber darum geht es nicht im Leben, sondern darum, meinen vollen Teil zu sehen, mich über ihn zu freuen und ihn weiter zu fördern und gedeihen zu lassen. Den leeren Teil muss ich stehen lassen. Ich muss ihn erkennen, dann aber loslassen. Ich darf nicht über seinem Anblick erstarren. Er frisst sonst alle Energie, meine Kraft und meinen Willen. Wir müssen die Fähigkeit entwickeln, den vollen Teil zu sehen und zu geniessen. Wir sollen Kraft aus dem Vorhandenen schöpfen und das was fehlt, loslassen. Genau darum geht es in den Fällen, in denen die Familien einen Teil ihrer Lebensgeschichte nicht selbst in der Hand haben. Mit diesen Klienten zusammen möchte ich den vollen Teil entdecken und lernen, den fehlenden Teil loszulassen, zu trauern – und dann voller Energie, aus dem halb vollen Glas geschöpft, in die Zukunft orientiert, weiter machen. Kleine Schulkinder haben noch einen großen Teil ihres Lebens vor sich. Da wartet noch viel Schönes auf die Eltern und das Kind!

---

58 Frankl (1946).

Fallbeispiel Theo

Theo wurde unserem Schulhaus zugeteilt, nachdem die Zusammenarbeit mit den Eltern im vorhergehenden Schulhaus sehr schwierig war. Seine Eltern waren geschieden. Sein Vater war in Haft, man wusste den Grund nicht, seine Mutter arbeitete in der Nacht bis zum frühen Morgen in einer Markthalle, hiess es. Theo lebte bei der Mutter, aber die Familie des Vaters war gegen diese Lösung. Sie wollte unbedingt, dass Theo bei den Grosseltern väterlicherseits wohnt. Die Familie des Vaters wandte sich daher immer wieder an die Schule und versuchte, möglichst viel über den Jungen zu erfahren. Unter anderem versuchten sie auch herauszuhören, dass die Betreuung durch die Mutter nicht genügte. Theo selbst war sehr krank. Er hatte einen Tumor und war bereits zweimal operiert worden. Er besuchte die 5. Klasse und wusste bereits mit seinen elf Jahren, dass seine Lebenserwartung stark verkürzt war.

Die Mutter trat in der Schule sehr dominant auf. Sie verlangte, dass alle Mitschüler und Mitschülerinnen ihres Kindes bei der kleinsten Erkrankung wie Schnupfen o.Ä. zu Hause blieben, da ansonsten ihr Kind gefährdet sei. Sie wollte, dass Theo geschont würde, dass er z. B. in der Pause nicht auf den Pausenplatz gehen müsste und bei Ausflügen nur teilweise mit dabei sein sollte. Theo wurde oft krankgemeldet. Schulisch gehörte Theo zu den leistungsstärkeren Schülern, aber sozial hatte er sehr grosse Mühe, sich in die Klasse einzuordnen. Dem Lehrer fiel der Umgang mit Theo schwer. Es waren für ihn zu viele Ausnahmen und Wünsche, die die Mutter verlangte. Er sah die Notwendigkeit nicht ein. Der Junge erschien ihm nicht so zerbrechlich. Er war verunsichert: Was konnte er als adäquate Reaktion der Mutter, was als übertriebene, überbehütende Reaktion einstufen? Er hatte das Gefühl, die Mutter stehe Theo im Weg, sie verhindere, dass er ein eigenes Leben mit Freunden und Vergnügung aufbauen konnte. Theo hatte oft sehr starke Bauch- und Kopfschmerzen, so dass er sich eher zurückzog und mit keinem Kind so richtig in Kontakt trat. Nach einiger Zeit hatte der Klassenlehrer einen guten Grund, um Theo bei mir anzumelden. Es ging um eine Mathe-Prüfung. Theo hatte grosse Angst, dass seine Mutter mit der Note nicht zufrieden wäre. Der Junge legte sie deshalb der Mutter nicht zur Unterschrift vor. Das geschah nun bereits das zweite Mal, dass er Prüfungsarbeiten verschwinden liess, die ihm zum Unterschreiben mit nach Hause gegeben worden waren. Der Lehrer schlug Theo vor, einen Termin bei mir zu vereinbaren. Der Junge ging dankbar darauf ein.

Natürlich begann ich meine Arbeit mit dem Jungen mit dem Thema der nicht unterzeichneten Tests. Er meinte, er wollte seine Mutter nicht enttäuschen. Für sie wären die guten Noten von grosser Bedeutung, da sein Vater auch immer danach fragte. Für einen Jungen, der kaum Freunde hatte, war ich positiv überrascht, wie offen, differenziert und viel er sprach. Er war es anscheinend gewohnt, mit Erwachsenen zu kommunizieren. Wir sprachen viel über Prüfungen und über die Prüfungssituationen. Theo meinte, wenn es ihm physisch nicht so gut ging, dann fiel es ihm schwer, sich zu konzentrieren und er brachte keine bessere Note zustande, auch wenn er sich anstrengte und den Stoff eigentlich ganz gut beherrschte. Für mich schien die Situation gut nachvollziehbar, ich verstand nicht, wie die Mutter dies nicht sehen konnte und immer weiter Druck auf ihn ausübte. Ich bat ihn um Erlaubnis, die Mutter einzuladen, was er nach einigen Anläufen akzeptierte.

Die Woche darauf sass die Mutter mit uns am Tisch. Sie schien ihrem Jungen nicht ganz zu glauben, dass er sich manchmal zu schwach fühlte, um gut zu arbeiten. Bald kam dann auch das Gespräch auf den Druck, den die Familie ihres Exmannes ausübte, wenn Theo in der Schule schlechtere Leistungen erbrachte. Es war ein Teufelskreis. Da ich selbst wenig über die Operationen und den Verlauf von Theos Tumor wusste und erkannte, dass auch die Mutter eigentlich ziemlich wenig wusste, kam mir die Idee, den Arzt des Jungen zu einer Besprechung in die Schule einzuladen. So könnten alle Bezugspersonen von Theo ihre Unsicherheiten bezüglich der Krankheit mit dem Arzt besprechen. Uns alle im Schulhaus beschäftigte die Frage, was man Theo zumuten konnte und was einfach zu viel verlangt war und seine körperliche Verfassung überforderte. Die Idee war, einen grossen runden Tisch mit Lehrpersonen, Schulleitung, Mutter und Kind zu organisieren und den Arzt über die Krankheit und deren Verlauf zu befragen. Der Mutter war der Gedanke zu Beginn etwas zu viel. Es war ihr unangenehm, den Arzt um diesen Gefallen zu bitten. Aber da die Noten des Jungen ständig schlechter wurden, das Bauch- und Kopfweh zunahm, war die Mutter nach einigen Sitzungen bereit, einzuwilligen.

Das zweite Thema nahm nun Raum ein. Die Familie des Exmannes übte Druck auf sie aus. Die väterliche Familie glaubte, die schlechten Noten des Jungens stünden tatsächlich mit dem Lebenswandel der Mutter und ihrer Nachtarbeit im Zusammenhang. Als Gemüsehändlerin musste sie das Gemüse in den Engros-Märkten frühmorgens einkaufen. Die Märkte lagen oft weit weg. Dabei bemühte sie sich sehr, wie sie beteuerte, dass ihr Sohn nicht unter ihrer Nacharbeit litt. Ihre Mutter, die Grossmutter des Jungen, sprang meistens ein, wenn sie ihren Mutterpflichten nicht nachkommen konnte. Nach einigen Gesprächen fanden wir eine für Mutter und Sohn akzeptable Lösung, indem wir den Arzt baten, zusätzlich zu unserem Treffen einen Bericht zu verfassen, den wir der Familie des Vaters schickten. Genauso verfuhren wir mit dem von der Schule verfassten Protokoll der Sitzung. Die

Mutter und Theo waren beide einverstanden. Die Mutter schien bereits jetzt sichtlich erleichtert. Aber Theo war noch etwas beunruhigt über diese Sitzung mit seinem Arzt, da er nicht wusste, was er zu erwarten hatte.

Der Arzt war gerne bereit, in die Schule zu kommen. Er hatte den Druck, der auf dem Jungen lag, schon länger gespürt.

Der grosse Runde Tisch mit dem Arzt und allen anderen Beteiligten war eine grosse Fragestunde. Der Arzt lobte den Jungen sehr. Er konnte uns gut erklären, wie viel Kraft und Ausdauer Theo jeden Tag brauchte, um gegen seine progredient verlaufende Krankheit anzukämpfen. Die zwei Operationen in den vergangenen zweieinhalb Jahren hätten ihre Spuren hinterlassen. Der Arzt schlug vor, Theo, wenn er sich nicht wohl fühlte und deshalb eine schlechte Prüfung schrieb, eine zweite Möglichkeit an einem anderen Tag anzubieten, um diese Prüfungen nachzuholen. Die Lehrperson sah darin kein Problem. Die Mutter wurde vom Arzt auch darauf hingewiesen, sich nicht so viele Sorgen zu machen, sondern glücklich zu sein, dass sie einen intelligenten Jungen hatte. Sie sollte eine schlechte Note eher als Auskunft zu seiner Tagesform werten, als enttäuscht zu sein über seine ungenügende Leistung. Sie könnte stolz sein auf einen Sohn, der so zäh und mit aller Kraft gegen seine Krankheit ankämpfte. Dies bewies viel Lebenswille. Die Mutter musste einige Male während der Sitzung weinen. Der Arzt erklärte uns auch, wie gross die spezielle Pflege für den Sohn sei, welche die Mutter täglich übernehmen müsste, damit ihr Sohn in der Schule erscheinen könnte. Sie leistete einen grossen Einsatz. Die Lehrpersonen, die Schulleitung und ich waren beeindruckt. Der Arzt zeigte sich gerne bereit, noch einen Brief an die Familie des Vaters zu verfassen. Für ihn war neu, dass die Mutter unter dem Druck dieser Familie stand. Nach dem Runden Tisch waren alle Parteien sichtlich gestärkt und Theo fühlte sich viel besser. Von da an setzte er sich in der Pause jeweils vor meine Bürotür auf die Treppe, wo immer auch andere Kinder waren und unterhielt sich mit ihnen. Er fing langsam an, Beziehungen zu knüpfen.

In den Einzelsitzungen mit Theo kamen daraufhin neue Themen zum Vorschein. Theo erzählte mir, wie sehr es ihn verletzte, dass sein Vater vor sechs Jahren, als er ins Gefängnis musste, ihm dies genau an seinem Geburtstag erzählte. Er hatte sich so auf den Geburtstag gefreut und dann diese schreckliche Nachricht. Er versuchte seit Jahren, sich daran zu erinnern, was der Vater ihm zu diesem Geburtstag geschenkt hatte, aber er hatte es vergessen. Er sah immer nur seinen Vater vor sich, wie er ihm diese schlimme

Nachricht mitteilte. Auch heute bei Besuchen im Gefängnis wusste er nichts mit ihm zu besprechen. Es hatte ihm die Stimme verschlagen. Der Junge war sehr traurig und niedergeschlagen.

Am Ende jedes Treffens spielte ich mit ihm, was er sehr mochte. Ich schlug Theo vor, einmal ein Spiel von mir mitzunehmen und mit dem Vater zu spielen. Der Junge antwortete mir, man dürfe nichts zu seinem Vater ins Gefängnis hineinnehmen. Er würde jedes Mal nach Gegenständen untersucht. Und so fingen wir an, Spiele zu suchen, die man ohne Materialien spielen konnte. Wir fanden einige. Er hatte grosse Freude und erwartete aufgeregt seinen nächsten Besuch bei seinem Vater.

Über ein Jahr lang traf ich mich wöchentlich mit Theo. Er erzählte mir viel. Die Begegnungen mit seinem Vater wurden wieder erträglicher und bekamen einen Sinn. Theo wurde fröhlicher und beteiligte sich vermehrt in seiner Schulklasse. Sein Kopfweh und seine Schulabsenzen gingen zurück. Seine monatlichen Treffen beim Vater belasteten ihn weniger. Der Vater fragte nun auch mehr nach seinem Gesundheitszustand und freute sich über gute Noten. So entstand wieder ein einfaches Gespräch zwischen Vater und Sohn. Im Gefängnis konnte der Vater zur Besuchszeit Spiele wie Uno etc. organisieren, so dass gemeinsame Spiele möglich waren.

Etwa fünf Wochen vor unserer letzten Sitzung – bevor Theo nach den Sommerferien in die Oberstufe wechseln sollte – kam der Junge zu einem Extra-Termin zu mir, den er selbst organisiert hatte. Er setzte sich an seinen gewohnten Platz an meinem Tisch und fragte mich, ob ich eigentlich wüsste, dass er der Überlebende wäre von zwei Zwillingsbrüdern. Sein älterer Bruder war während der Geburt gestorben und er selbst als Frühgeburt zur Welt gekommen. Er war unendlich froh, dass er lebte, dass ihm geholfen werden konnte. Er fühlte sich nun endlich wohl in seiner Haut. Aber er vermisste seinen Bruder sehr. Er hätte so gerne mit ihm gespielt.

Wir hatten dann noch wenige weitere Treffen. Er war sichtlich erfreut, dass seine Mutter sich weniger über ihn ärgerte und dass sie sogar ab und zu zusammen kleine Ausflüge unternahmen und Spass hatten. Nach all den schwierigen Erlebnissen in der Vergangenheit und denen, die ihm vielleicht noch bevorstanden, hatte er sich nun doch eine Zeitspanne kreiert, in der er sein Leben geniessen konnte. Den Übergang in die erste Oberstufe haben wir, die Mutter, die Lehrpersonen, das Kind und ich, mit dem neuen Schulhaus zusammen sorgfältig vorbereitet.

Fallbeispiel Samanda

Ein anderes Beispiel ist die Geschichte von Samanda. Sie lebte allein mit ihrer Mutter in einer kleinen Wohnung. Sie war in ihrer Klasse sehr verängstigt, immer in Verweigerungshaltung, überhaupt nicht bereit zu lernen oder den Anweisungen der Lehrpersonen auf irgendeine Art zu folgen. Sie geriet in diese ablehnende und verweigernde Art nicht nur in den Schulstunden, es konnte auch auf dem Pausenplatz sein. Den Lehrpersonen gegenüber zeigte sie grosse Abneigung. Manchmal schrie sie die Lehrperson an oder fing heftig an zu weinen, legte sich auf den Boden und liess sich nicht mehr vom Ort wegbewegen. Einige der Lehrpersonen nahmen dieses Verhalten persönlich und interpretierten es so, dass dieses Mädchen sie spezifisch ablehne oder Angst vor ihnen habe. Es brauchte viel Überzeugungsarbeit von mir, bis ich diesen Lehrpersonen klar machen konnte, dass das Mädchen nichts gegen sie persönlich hätte, sondern dieses Verhalten ein ängstliches Verhalten sei und gewiss das Resultat einer Geschichte, die Samanda erlebt und noch nicht verarbeitet hatte. Im Laufe der Zeit und auch mit Hilfe des Hortes erkannten wir, dass Samanda sich am sichersten fühlte, wenn sie Dinge aufräumen durfte. So übergaben wir ihr in Hort und Schulzimmer Aufgaben, die mit Aufräumen zu tun hatten. Ich lud sie auch zu mir in mein Büro ein, natürlich mit dem Einverständnis ihrer Mutter, und die ersten paar Sitzungen räumten wir zusammen mein Büro auf. Sie hatte viele gute Ideen.

Nachdem Samanda und vor allem auch die Mutter Vertrauen zu mir gefasst hatten, und ich das Wesen von Samanda genauer verstand, konnten die Lehrpersonen und ich Wege finden, wie dieses Mädchen besser beschulbar war. „Smiley"-Listen halfen ihr enorm. Sie wollte uns gefallen. Und mit den formulierten Zielen auf den Smiley-Listen konnte sie genau erkennen, was wir von ihr wollten und wie sie uns genügen konnte. Dies half uns allen sehr viel weiter. Wir wurden für Samanda berechenbarer. Ihr Sozialverhalten besserte sich sichtbar. Weiter versuchten wir, für sie möglichst Lehrpersonenwechsel zu vermeiden, damit sie nicht immer von vorne beginnen musste mit dem Aufbauen von Vertrauen. Denn wir stellten fest, dass das Vertrauen in ihre Bezugspersonen ein Schlüsselfaktor war, um sie besser beschulen zu können und sie sich in der Schule wohler fühlte auch in den sozialen Bereichen. Wir bemühten uns, weitere Dinge im Schulalltag zu finden, die ihr entsprachen, wie Turnen oder Handarbeit. Ihre Lernblockaden blieben aber weiterhin bestehen.

Nach etwa einem Jahr Kontakt begann die Mutter, die mich zuvor immer im Beisein der Tochter getroffen hatte, mich allein aufzusuchen. Sie sprach vorerst viel über die Kirche, in der sie oft verweilte. Erst nach einigen Treffen erzählte sie mir, dass sie noch ein weiteres Kind hatte, einen Sohn, der bei einer Pflegefamilie lebte. Sie wünschte, dass dieses zweite Kind zu ihr zurückkommen dürfte, aber der Beistand liesse dies nicht zu. Sie hatte in ein paar Wochen einen Gerichtstermin, und sie fürchtete, dass ihr Samanda auch wieder weggenommen werden würde. Samanda selbst sei bis zum Alter von sechs Jahren, des zweiten Kindergartenjahres, ebenfalls in einem Heim untergebracht gewesen. Das hatte ich nicht gewusst. Plötzlich verstand ich die Situation. Samanda verweigerte sich und hatte Angst vor uns, da sie sich nicht sicher war, ob wir sie tatsächlich bei uns behalten wollten oder ob wir sie wieder in einem Heim platzieren würden, so dass sie ihre Mutter ein zweites Mal verlassen müsste. Samanda hatte existenzielle Angst vor unserer Einschätzung.

Daraufhin wandte ich mich an den Beistand und hielt auch in einem schriftlichen Bericht fest, dass das Mädchen bei uns am richtigen Platz sei, die Mutter mit der Schule kooperiere und zu den wöchentlichen Treffen immer erschiene. Die Schulleitung schrieb auf mein Anraten hin ebenfalls einen kurzen Bericht, dass Samanda an dieser Schule am richtigen Ort sei.

Das Gleiche tat ich auch in den Gesprächen mit Samanda. Ich zeigte ihr auf verschiedene Art und Weise, dass sie sehr gut zu uns ins Schulhaus passte, dass sie es gut genug mache und betonte, dass ich dies ebenfalls von der Schulleitung und den Lehrpersonen hören würde. Das Mädchen durfte in der Folge weiterhin bei der Mutter und bei uns im Schulhaus bleiben. Der jüngere Bruder blieb zwar bei der Pflegefamilie, aber er bekam gerichtlich eine grössere Anzahl ganzer Tage zugesprochen, die er bei seiner Mutter und der Schwester verbringen durfte.

Diese Veränderung wirkte sich sehr positiv auf die Mutter aus. Sie fand in kurzer Zeit eine Arbeitsstelle. Ihre Stimmung besserte sich. Mittwochs nahm sie sich immer frei, damit sie vormittags bei uns im Pausenkiosk des Elternvereins mithelfen konnte. Ihre Tochter war sehr stolz auf sie, denn für die Kinder bedeutet es immer einen „Status-Gewinn“ bei den Klassenkollegen, wenn die Eltern beim Pausenkiosk mitarbeiten. Die Mittwochnachmittage hatte die Mutter frei, um die Tochter-Mutter-Beziehung zu stärken.

Samanda wurde fröhlicher und liess sich entspannter auf den Schulalltag ein. Ihr Sozialverhalten verbesserte sich sichtlich. Sie fand eine Freundin und akzeptierte Anregungen von Lehrpersonen. Ihre Lernfähigkeit blieb zwar weiterhin schwach, aber sie kam dennoch besser im Schulstoff voran.

Die Mutter lernte einen neuen Partner kennen. Er wohnte zwar zunächst nicht bei ihr und Samanda, aber da er selbst in der Schweiz zur Schule gegangen war und Schweizerdeutsch sprach, konnte er Samanda in der Schule unterstützen. Das Zuhause nahm immer mehr die Form einer regulären Familie an. Die Angst des Mädchens, wieder von ihrer Mutter weggerissen zu werden, wurde sichtbar geringer, auch wenn sie nie ganz verschwand.

Nach jeder Veränderung testete Samanda uns, ob wir sie auch wirklich wollten, liebten, ob sie nun auch wirklich weiterhin bei uns und bei der Mutter bleiben durfte. Als der Freund bei der Mutter einzog, gab es allerdings wieder ganz schwierige Tage in der Schule mit Samanda. Auch zu Hause verweigerte sie sich stark. Aber als sie merkte, dass sie zwar von diesem neuen Mitbewohner etwa auf Fehlverhalten angesprochen und zurechtgewiesen wurde, aber niemand davon sprach, sie wegzuschicken, konnte sie sich nach einigen Wochen wieder beruhigen und sich regulär, in ihrem Tempo, am Unterricht beteiligen und zu Hause am neuen Familienleben teilnehmen. Genauso erging es der Mutter. Sie wurde zufriedener und interessierte sich mehr für ihr Umfeld. Zwar war ihr Sohn nicht bei ihr, aber sie sorgte gut für Samanda, so dass es für alle Ämter in Ordnung war, dass sie Samanda bei sich zuhause grosszog. Als Samanda in die Oberstufe eingeteilt wurde und in die gleiche Klasse kam wie ihre Schulfreundin, glückte Samanda das erste Mal ein grosser Wechsel problemlos. Endlich hatte sie ihre Selbstsicherheit gefunden.

Fallbeispiel Luc

Luc war in der Schule sehr auffällig. Er störte den Lehrer in jedem Unterricht. Er fehlte oft, arbeitete kaum, wenn er im Schulzimmer war und hatte auf dem Pausenplatz viel Streit. Seine schulischen Leistungen waren sehr schwach. Es drohte ein Schulverweis. Sein Vater sah die schulischen Schwierigkeiten seines Sohnes und meldete sich bei mir. Es folgten schwierige Monate mit intensiver Arbeit. Aber es lohnte sich. Eines Tages konnte Luc mir erzählen, wie seine Mutter ihn verlassen hatte. Ohne ihm etwas zu sagen, war sie eines Tages plötzlich nach der Schule nicht mehr zu Hause. Sie war in ihr Heimatland zurückgekehrt und hatte ihn allein bei seinem Vater zurückgelassen. Er konnte den Grund nicht verstehen und suchte den Fehler immer bei sich. Ich organisierte ein Treffen mit seinem Vater und sprach mit ihm darüber. Der Vater war sichtbar erleichtert, endlich mit jemandem über das Weggehen der Mutter reden zu können. Er fing heftig an zu weinen und beteuerte, er habe einen grossen Fehler gemacht. Der Junge könnte nichts dafür. Ein Abend hätte ihn sein ganzes Glück gekostet. Er sei eine Nacht mit einer anderen Frau zusammen gewesen. Dies war eine schwierige Situation für mich, sprengte sie doch den Rahmen der Schule. Ich bat den Vater um ein gemeinsames Gespräch mit dem Jungen und forderte ihn auf, kindgerecht und für Luc verständlich die Wahrheit zu erzählen. Luc war nicht mehr gar so klein, er war bereits zwölf Jahre alt. Nur so könnte er seine Fantasie, die Mutter hätte ihn wegen seines Verhaltens verlassen, überwinden.

Das Gespräch zwischen Vater und Sohn fand bald darauf statt. Beide weinten. Der Junge begriff gar nicht, wie sein für ihn grossmütiger Vater so etwas machen konnte und er begriff auch nicht, wie sehr seine Mutter verletzt war, dass sie sogar ihr Kind verliess. Aber Luc merkte sehr wohl, die Erwachsenen um ihn hatten etwas miteinander oder gegeneinander gemacht und dabei ging es nicht um ihn.

In unseren folgenden Gesprächen äusserte Luc den Wunsch, es als Erwachsener besser für seine Kinder zu machen, sich seiner Verantwortung den Kindern gegenüber bewusst zu sein. Da erklärte ich ihm, er habe jetzt die Wahl, entweder sich das verantwortungsvolle Verhalten für die Zukunft aufzusparen und unsicher zu bleiben, ob er es je verwirklichen könnte oder gleich jetzt damit zu beginnen. Die Anforderungen der Schule und des Lebens mit dem Vater ernst zu nehmen und seine Verpflichtungen gleich jetzt anzupacken. Luc schien meine Worte zu verstehen. Er zeigte bald eine enorme Dankbarkeit seinem Vater gegenüber, dass dieser bei ihm geblieben war und sich nicht ein neues Leben, eine neue Familie aufgebaut hatte. Diese Dankbarkeit strahlte bis ins Schulzimmer hinein. Er wollte seinem Vater beweisen, dass auch er seinen «„Job» als Schüler gut erledigen würde. Er wollte seinen Vater glücklich machen, auch wenn dieser einmal einen grossen Fehler begangen hatte. Er fing an, für die Schule zu arbeiten und seine Schulpflichten ernst zu nehmen.

Die drei Beispiele mögen genügen. Es musste viel Trauerarbeit geleistet werden, bis man den Sinn und Zweck des Weitermachens entdeckte. Der Klient liefert in solchen Fällen zu Beginn der Intervention dem Professionellen und höchstwahrscheinlich sich selbst zumeist viele Argumente und Daten, die in die Irre führen. Dies geschieht unabsichtlich. Die Familien haben selbst die Orientierung in ihren Narrativen verloren. Der Schmerz ist verdrängt worden und nach dem Schmerz ist so viel Irreführendes dazugekommen, dass es für ein Kind unmöglich wird, zu erkennen, wo eigentlich der Schuh drückt. Für mich bedeutet dies, immer wieder zuzuhören und Fragen zu stellen. Es muss mir gelingen den Teil des „halben vollen Glases" der jetzigen Situation zu entdecken. Es liegt an mir, als Erste den gesunden, zukunftsträchtigen Teil der Situation, des Kindes wahrzunehmen, so dass ich diesen Teil auch meinem Klienten hervorheben und zeigen kann. Danach wird es zumutbar für das Kind und seine Eltern, sich dem Verlust zu stellen, welcher sie quält. Es sind für mich Zwiebelgeschichten. Schale um Schale, Hülle um Hülle muss weggeschält werden, bis man, meistens überraschend, das kleine, ungeschützte, unsichere, völlig desorientierte Kind findet, dem man die Hand reichen darf, um es auf sicheren Boden in Schutz zu bringen.

In den meisten dieser Geschichten handelt es sich um einen schwerwiegenden und unwiederbringlichen Verlust, der erst am Ende als Auslöser des Problems erkannt wird. Es bleibt für die Zukunft keine andere Wahl, als zu lernen, damit zu leben und sich nicht vom Schmerz in die Irre führen zu lassen. Und dieses „Trotzdem", welches als einzige Chance zum Überleben bleibt, kehre ich am liebsten in ein „Und *jetzt* erst recht!" um. Trotzdem Ja zum Leben sagen und dies mit aller Kraft! Wenn mir dies gelingt, verlassen sehr starke Kinder und Eltern mein Büro. Sie können Menschen werden, die auf dieser Welt Spuren hinterlassen. Davon bin ich überzeugt.

Dennoch sind es diese Familien, diese Kinder, bei denen ich mich immer wieder entschuldigen möchte für den grausamen Schmerz, den schwerwiegenden Verlust, den sie in meinem Büro neu erdulden mussten oder immer noch weiter aushalten müssen.

4.15 Menschen brauchen Menschen

Eine alte chassidische Geschichte berichtet von einem Rabbi, der mit dem Herrgott über Himmel und Hölle sprach. „Ich will dir die Hölle zeigen", sagte der Herrgott und führte den Rabbi in ein Zimmer, in dem um einen grossen runden Tisch herum eine Gruppe hungernder, verzweifelter Menschen sassen. Mitten auf dem Tisch stand eine riesige Schüssel mit Eintopf, mehr als genug für alle. Das Gericht duftete köstlich und dem Rabbi lief das Wasser im Mund zusammen. Doch niemand ass. Jeder am Tisch hatte einen langstieligen Löffel in der Hand – lang genug, um den Topf zu erreichen und sich einen Löffel von dem Eintopfgericht zu nehmen, jedoch zu lang, um die Speise zum Mund zu führen. Der Rabbi sah, dass die Leute schrecklich litten und neigte mitleidsvoll das Haupt. „Nun will ich dir den Himmel zeigen", sagte der Herrgott, und sie betraten ein anderes Zimmer, das dem Ersten genau glich – da waren derselbe grosse runde Tisch, dieselbe riesige Schüssel mit Eintopf, dieselben langstieligen Löffel. Doch hier herrschte Fröhlichkeit: Alle waren wohlgenährt, rundlich und ausgelassen. Zunächst verstand der

Rabbi nicht und schaute den Herrn an. „Es ist einfach“, sagte der Herrgott, „aber es gehört eine gewisse Geschicklichkeit dazu. Siehst du, sie haben gelernt, sich gegenseitig zu füttern.“[59]

Die Möglichkeiten der Schulsozialarbeit sind sehr vielfältig. Wir können Momente kreieren, die sonst für diese Familien selten sind. Wir können mit Nähe und Distanz spielen. Und wir können einfache Lösungen zeigen, die den betroffenen Menschen vielleicht von selbst nicht in den Sinn kommen, da sie zu isoliert, zu überfordert mit ihrem eigenen Alltag oder zu sehr in ihrer eigenen Problematik gefangen sind. Das Schulhaus ist ein Ort der Zusammenkunft vieler verschiedener Menschen. Es ist ein Haus mit unglaublich vielen Ressourcen. Die Eltern z.B. vertreten verschiedene Berufsgruppen. Und all diese Menschen sind nicht nur mit dem Schulhaus, mit ihren Klassen, mit dem Hort verbunden, sondern neben ihrer Existenz im Schulhaus hat jedes Kind und jeder Erwachsene noch ein weiteres Leben und auch dort besitzen alle nochmals viele Ressourcen. Jeder ist auf irgendeinem Gebiet Spezialist. Daher können viele Probleme und Fragestellungen gelöst werden, wenn jemand genügend informiert ist, wo welche Ressourcen bereitliegen.

Das Wir ergänzt das Ich, und dies bedeutet für die Schulsozialarbeit, wir haben nicht nur die Aufgabe, unsere Klienten zu stärken, sondern auch die Gemeinschaft. Durch unsere Kenntnis der Schule und ihrer Benutzer können wir neue Voraussetzungen für unsere Klientel schaffen, so dass sie ihren roten Faden wiederfinden und selbst in die Hand nehmen kann. Hier sehe ich ein grosses Potenzial für die Schulsozialarbeit, da wir vor Ort sind. Unser Büro liegt im Schulhaus und somit im Zentrum des Geschehens. Die Lösungen, die wir finden können, sehen meistens sehr einfach aus. Diese Einfachheit erhöht die Wirkungskraft und erhöht die Wahrscheinlichkeit, dass sie schneller vom Klienten selbstständig in einem späteren Zeitpunkt wiedereingesetzt werden können.

Sommerfest

Wie jedes Jahr veranstalteten wir ein Sommerfest in unserem Schulhaus: viele Leute, viel Betrieb, fröhliche Kinder, gute Stimmung und natürlich, mit der Zeit, übermütige Kinder und langsam immer mehr erschöpfte Erwachsene. Nach einem langen Tag – zuerst die reguläre Arbeit und nachher noch der spezielle Einsatz für das Fest – setzte ich mich auf eine Bank im Innenhof. Eine Mutter, die ich schon seit langer Zeit kannte (sie war eine Klientin von mir und arbeitete im Elternverein mit), sass bereits auf der Bank. Auf der anderen Seite der Bank sass eine Mutter, die einen mehrfach angebotenen

59 Yalom (1999), S. 32.

Termin noch nie wahrgenommen hatte. Ich war schrecklich erschöpft und merkte nicht recht, wo ich mich hinsetzte. Die Hauptsache für mich war, einen kurzen Moment ausserhalb des Geschehens auszuruhen. Die Mutter, die mich schon lange kannte, sah, wie erschöpft ich war und fing an, mit mir zu plaudern. Sie erzählte über ihren anstrengenden Tag und ich über meinen. Es war eine gemütliche Stimmung und es kam ein richtiges „Frauengespräch" zustande. Wir sprachen über die anstrengende Zeit vor den Sommerferien, die jede Mutter kannte. In dieser Zeit war immer so viel los, zwar alles freudige Ereignisse – Theateraufführungen, Abschlussfeste und vieles mehr – aber es bedeutete für alle Mütter viele zusätzliche Termine, die einen schliesslich erschöpften. In diesem Moment schaltete sich die Mutter auf der anderen Seite von mir ein, die eigentlich den Kontakt bisher gemieden hatte, und servierte uns erfrischende Früchte, die sie zu diesem Fest mitgebracht hatte. Sie kannte die Gefühle, von denen wir sprachen, auch sie erlebte dasselbe wie wir. Wir freuten uns sehr über ihre Früchte. Wir plauderten zu dritt weiter und es war ein leichtes, erholsames Gespräch für uns drei. Wir lachten und fühlten uns verbunden. Nach einer Weile ging ich erholt weiter und liess die beiden Frauen schwatzend zurück. Eine Verbindung hatte sich ergeben und uns die Möglichkeit einer Begegnung gebracht. Ein solches Erlebnis holt die Menschen aus ihren Blockaden und aus ihrer Einsamkeit. Von diesem Tag an kam die Mutter, die mich vorher gemieden hatte, zu jedem Termin und beteiligte sich sogar an den Aktivitäten unseres Elternvereins. Für die Arbeit mit ihrem Kind war ein stabiles Fundament gelegt.

Fallbeispiel Sofia

Ein weiteres Beispiel ist die Geschichte von Sofia, einem zehnjährigen philippinischen Mädchen, das ich schon seit dem Kindergarten gut kannte. Immer wieder gab es einschneidende Ereignisse, die dazu führten, dass die Lehrpersonen auf mich zukamen. Sofia hatte einen alleinerziehenden Vater. Als Sofia im zweiten Kindergartenjahr war, verstarb die Mutter nach langer Krankheit. Der Vater strengte sich sehr an und wollte das Mädchen unbedingt selbst grossziehen. Er war aber oft mit seiner Situation – arbeiten und Kind betreuen – überfordert. Sofia fehlte häufig im Kindergarten oder kam verspätet und ungepflegt, oft ohne Pausenbrot, und hörte nicht auf die Anweisungen der Kindergärtnerinnen. Der Vater musste intensiv von mir unterstützt werden im Rahmen einer Erziehungsberatung, so dass es ihm überhaupt möglich war, das Mädchen zuhause grosszuziehen. Er kooperierte auch, als Sophia in die Schule kam, und hatte bereits seit zwei Jahren Unterstützung vom Sozialzentrum und einer Beiständin. Die Beiständin hatte schon einige Massnahmen veranlasst wie Sozialpädagogische Familienarbeit[60] und später, da Sofia selbst mehr Unterstützung brauchte, eine spezielle familienergänzende sozialpädagogisch geleitete Tagesstruktur, mit dem Namen „FEST“[61]. Trotzdem zeigte Sofia während der ersten Jahre viele Auffälligkeiten in der Schule, die zum Teil direkt aus den Umständen Zuhause resultierten wie z. B. das Zuspätkommen am Morgen oder dass sie am Abend noch lange unbeaufsichtigt auf dem Pausenplatz herumschwirrte. Außerdem foppte sie andere Kinder und lachte sie aus, klaute und war respektlos gegenüber Erwachsenen. Es kam vor, dass Sofia ihre Stimme gegenüber Erwachsenen erhob oder freche Antworten gab und einfach nichts ernst nahm, was Erwachsene zu ihr sagten. Ihre schulischen Leistungen waren mittelmässig, obwohl ihre Aufnahmefähigkeit und ihre Fähigkeiten insgesamt hoch waren. Es kam immer wieder der Moment, in dem die Schule zweifelte, ob Sofia hier am richtigen Platz war.

Eine Woche vor den Weihnachtsferien erhielt ich unerwartet einen Anruf von Sofias Vater. Er wäre am Flughafen und müsste unbedingt für ein paar Tage in seine Heimat zurück. Seine Mutter läge im Sterben. Er müsste sich von ihr verabschieden und käme in drei Tagen wieder zurück. Zuhause hätte er alles so für Sofia vorbereitet, dass sie drei Tage ohne ihn sein könnte. Am Tag wäre sie in der Schule und im „FEST“, es handelte sich also nur um die Abende, diese könnte sie alleine bewältigen. Vor den Ferien sei er wieder zurück. Sofia wusste aber noch nichts davon, ob ich es ihr mitteilen könnte.

Ich war überrumpelt und sagte zu ihm, er müsste unbedingt noch die Beiständin informieren. „Die Beistände am Telefon zu erreichen ist schwierig“, jammerte er verzweifelt und ich riet ihm, zumindest eine E-Mail zu schicken. Mir war klar, dass es für ihn wichtig war, sich von seiner Mutter verabschieden zu können. Er war mehrere Jahre nicht mehr in seinem Heimatland gewesen. Aber das alles kam doch zu plötzlich.

---

60 SPFA: Sozialpädagogische Familienarbeit, ein Angebot des Zentrum Rötels der Stadt Zürich. Der Bereich Sozialpädagogische Familienarbeit umfasst verschiedene Angebote der Familienarbeit sowie Besuchs- und Jugendlichenbegleitung. Es werden Familien in Belastungs- und Überforderungssituationen unterstützt sowie Aufträge zur Abklärung des Kindeswohls ausgeführt. Die Familien werden darin unterstützt, die benötigten Kompetenzen zu entwickeln, um das Wohl der Kinder sicherstellen zu können und ihnen eine positive Entwicklung zu ermöglichen. Dies geschieht mittels direkter Arbeit bei der Familie zu Hause. Die Arbeit richtet sich nach der Lebenswelt der Familie und der Methodik der Kompetenzorientierung. Es geht darum der Familie vor Ort, in der Regel bei ihr zu Hause, neue Handlungsspielräume für den Umgang mit ihren Kindern zu eröffnen (https://www.roetel.ch/spfa/).

61 FEST: Familienergänzende Sozialpädagogische Tagesstruktur, ein Angebot des Zentrum Rötels, der Stadt Zürich. Die familienergänzende sozialpädagogische Tagesstruktur FEST ist von der Grobstruktur mit einem öffentlichen Hort vergleichbar. Vor, zwischen und nach den Schulzeiten werden die Kinder durch die Tagesstruktur FEST betreut. Die Unterstützung wird durch Professionelle der Sozialen Arbeit, Sozialpädagogik oder Psychologie in einem Bezugspersonensystem gewährleistet. Es gibt für jedes Kind und dessen Eltern Aufgaben und Lernziele, die bearbeitet und erreicht werden sollen. Orientierung bieten dabei die alters- und lebensphasenabhängigen Entwicklungsaufgaben. (https://www.roetel.ch/fileadmin/user_upload/Dokumente/FEST_Downloads/FEST_Konzept_Nov_17.pdf, S.4)

Ich versuchte, mit der Beiständin Kontakt aufzunehmen. Sie war in Ferien. Es gab eine Stellvertretung. Diese wusste nicht viel über Sofia, nur, dass „Platzierung in einem Heim" auch immer wieder ein Thema gewesen war. Sie nahm Kontakt mit dem „FEST" auf. Die Tagesstruktur „FEST", obwohl zu einem grossen Komplex mit verschiedenen Angeboten, teilstationären und stationären, gehörend, sah keine Möglichkeit, Sofia ein Angebot zu machen. Es war kurz vor Weihnachten, die Zeit drängte. Der stellvertretende Beistand erklärte, er müsste Sofia nun eben in ein Heim einweisen, was nicht einfach wäre kurz vor Weihnachten. Es handelte sich ja nur um wenige Tage, meinte ich, der Vater käme vor Weihnachten wieder zurück. Der Beistand erwiderte, so schnell rein und raus ging selbstverständlich nicht, da gäbe es Abläufe. Der Austritt würde da genauer angeschaut und mit dem Vater besprochen. Nein, diese plötzliche Wende in der Geschichte Sofias und des Vaters wollte ich nicht. Zulange hatten wir alle einen grossen Einsatz gebracht. Sofia hatte bereits die Mutter verloren und jetzt noch so überraschend den Vater? Sollte es zu einer Platzierung kommen, dann eine, auf die sich Sofia vorbereiten könnte und deren Gründe für sie verständlich wären.

Ich überlegte mir, was ich anstelle des Vaters getan hätte. Ich, gut vernetzt hier in Zürich und seit langer Zeit hier wohnend. Schnell wurde mir klar, ich hätte einfach jemanden aus meinem Freundeskreis gefragt, ob meine Tochter ein paar Tage bei ihm wohnen könnte. Ich hätte die Schule informiert und für niemanden wäre es ein Problem gewesen. Alle hätten mit mir mitgefühlt, wie wichtig es doch ist, sich von seinen Eltern zu verabschieden. Für mich war das weitere Handeln nun klar. Nochmals nahm ich mit dem stellvertretenden Beistand Kontakt auf und fragte, ob ich eine Familie aus der Klasse von Sofia finden dürfe, bei der sie übernachten könne. Er gab mir die Erlaubnis dazu. Nun lag es an mir.

Es gab eine alleinerziehende Mutter, deren Kind auch schon bei mir in Beratung war und die ich als sehr tragfähig und belastbar erlebt hatte. Ich rief sie an und erklärte ihr die Situation. Sie nahm sich Bedenkzeit von einigen Stunden. Ich hoffte, dass es klappen würde, denn sonst würde Sofia für die nächste Zeit in einem Heim platziert.

Und siehe da, die Mutter sagte zu. Ich war froh. Ich informierte wieder den Beistand. Dieser war ebenfalls erleichtert. Nun ging ich in die Klasse und informierte die beiden Kinder. Nach der Schule ging ich mit Sofia zusammen in ihre Wohnung und packte eine Tasche mit allem Nötigen für ein paar Tage. Das Mädchen freute sich sogar, zu einer Klassenkameradin auf Besuch zu gehen. Sie und ihr Vater hatten ansonsten keinen Kontakt zu anderen Familien.

Auf diese Weise gelang es, ein höchstwahrscheinlich traumatisches Erlebnis für Sofia in ein spassiges Abenteuer zu verwandeln. Der Vater blieb noch einen Tag länger als geplant auf den Philippinen, er fand keinen Rückflug. Und wieder ging der ganze Zirkus los! Die alleinstehende Mutter brauchte Unterstützung, dann könnte sie auch diesen zusätzlichen Tag übernehmen. Und siehe da, ihr Mann, der getrennt von ihr etwa zwei Autostunden entfernt lebte, war bereit, einzuspringen. Für mich war es eine grosse Sache, es war nicht selbstverständlich, dass getrennte Eltern plötzlich so zusammenstehen konnten für ein fremdes Kind. Ich war verwundert und ich musste schmunzeln, denn ich wusste, es tut ihrem eigenen Kind gut. Ich informierte den Beistand, nicht ohne Stolz, wir hätten auch diese Hürde geschafft. Der Beistand war erleichtert.

Der Vater kam von den Philippinen nach Hause und zeigte grosse Dankbarkeit. Er lud die Familie, Vater und Mutter, zusammen zu sich nach Hause ein für ein spezielles philippinisches Essen. Er kochte für diese fremde, nun aber befreundete Familie, die ihm so sehr geholfen hatte. Für beide Kinder war dies ein besonderes Erlebnis. Beide machten eine Erfahrung, die sie eigentlich nicht kannten. Das eine Kind war als „Familie" eingeladen mit Mutter und Vater. Das andere Kind, Sofia, erlebte, dass sie und ihr Vater Freunde haben. Ich bedankte mich sehr bei der alleinstehenden Mutter und dem Vater des Kindes, dass sie bereit gewesen waren, so einen grossen Einsatz für die Gemeinschaft zu leisten und dazu noch so überraschend.

Für mich ging das Erlebnis weiter. Nach Weihnachten erhielt ich zwei Telefonanrufe von Eltern aus dem Schulhaus, die mir mitteilen wollten, falls es wieder einmal ein Kind gebe, welches einen Ort zum Übernachten brauche, seien sie jederzeit dazu bereit, einen Platz anzubieten. In unserem Schulhaus müsse niemand aus diesem Grund in ein Heim. Wir lassen niemanden im Stich! Ich war sehr berührt. Diesen Zusammenhalt hätte ich nicht erwartet.

Sobald man vernetzt ist und die Leute kennt, können ganz schwierige und für die Stadt teure Interventionen, einfach und viel weniger traumatisch für die Kinder abgedeckt werden. Was für eine Win-Win-Situation für die Betroffenen.

„Menschen brauchen Menschen" – diese einfache Tatsache zeigt uns auch eine ganz andere, aber dennoch ähnliche Geschichte, die sich in meinem Schulhaus zugetragen hat:

Fall Najim

Eine Mutter aus Ghana lebte mit ihrem Sohn Najim in einer Notwohnung[62]. Wer in einer Notwohnung lebt, muss vom Gesetz her alle zwei Jahre die Wohnung verlassen und in eine andere Notwohnung oder in eine Familienherberge umziehen. Dabei kann nicht darauf geachtet werden, dass die Kinder weiterhin im gleichen Stadtquartier bleiben können. Damit will man die Betroffenen in der Stadt Zürich anhalten, selbstständig eine eigene Wohnung zu finden. Eine Wohnung zu finden stellt sich aber meist als schwierig heraus, denn oft haben diese Leute bereits Schulden und nur sehr wenig Einkommen oder sie sind von der wirtschaftlichen Unterstützung der Stadt abhängig.

Najim, der zwei Jahre zuvor zu uns ins Schulhaus gekommen war, fiel es schwer, sich wirklich auf seine Lehrpersonen einzulassen. Er war sehr introvertiert und zeigte auch kein Interesse, in der Schule Freunde zu finden. Die Lehrpersonen und der Hort beschrieben ihn als sehr traurig, vielleicht sogar als depressiv. Die Mutter hatte die Bezugspersonen im Schulhaus informiert, sie brauche dringend eine Wohnung im Quartier, ansonsten kämen sie in eine Familienherberge, d. h. ein neues Schulhaus mit neuen Klassenkameraden und neuen Lehrpersonen für Najim.

Die Lehrpersonen wandten sich an mich. Die Mutter willigte zu einer Beratung bei mir ein, an der auch Najim teilnahm. Wir hatten nicht viel Zeit, der Umzug in die Familienherberge war bereits in zwei Monaten geplant. Ich wollte die Mutter und ihren Sohn einzeln kennenlernen, so dass ich schneller an mehr Information kam. Ich vereinbarte Treffen mit beiden zusammen und zusätzliche Treffen mit jedem separat. Von Najim erfuhr ich, dass er oft allein zu Hause war. Er wusste nicht immer, wo seine Mutter hinging. Er dachte, sie gehe Wohnungen anschauen. Von der Mutter erfuhr ich, dass sie völlig erschöpft war und keine Zeit und Kraft hatte, Wohnungen zu suchen und dabei immer wieder abgelehnt zu werden. Von der Sozialarbeiterin, die für die Notwohnungen zuständig war und mit der ich mit Einverständnis der Mutter in Kontakt stand, wurde ich informiert, dass es aussergewöhnlich schwierig wäre, mit der Mutter Termine zu machen, da sie immer eine Ausrede hätte. Sie hielt sich selten an Termine, um eine Wohnung anzuschauen. So fände sie natürlich nie eine Wohnung.

62 Notwohnungen der Stadt Zürich: Das Sozialdepartement hilft Einzelpersonen, Jugendlichen, Paaren sowie Familien mit unterhaltspflichtigen Kindern, die kein Dach mehr über dem Kopf haben oder Personen, die unmittelbar vor der Wohnungslosigkeit stehen. Das Sozialdepartement ist aber keine Wohnungsvermittlungsstelle. Die Angebote werden sozialarbeiterisch begleitet oder betreut. Die Aufenthaltsdauer ist beschränkt (https://www.stadt-zuerich.ch/sd/de/index/unterstuetzung/obdach.html).

Nach langen Gesprächen mit der Mutter erfuhr ich, dass sie eine Schwester in Zürich hatte, ebenfalls mit einem Kind im Schulalter, die in einer eigenen Wohnung in einem anderen Quartier lebte. Auch diese Schwester war alleinstehend. Sie war schwer, sogar lebensbedrohlich krank und musste viele Therapien und auch Operationen überstehen. So war Najims Mutter oft bei ihrer Schwester im Spital oder bei ihrer Nichte anstatt bei ihrem eigenen Kind. Sobald ich ihr Vertrauen und all diese Informationen hatte, bat ich die Mutter, dass ich mit ihrer zuständigen Sozialarbeiterin Kontakt aufnehmen durfte. Die Mutter weigerte sich zuerst und beschrieb mir ihre Gefühle. Sie fühlte sich von der Sozialarbeiterin nicht verstanden. Sie spürte einen ständigen Druck. Diese wollte, dass sie sich als erste Priorität um eine Wohnung bemühte. Sie hatte ihr daher noch gar nichts von ihrer Schwester erzählt. Ich erschrak und erklärte ihr, so könnte die Sozialarbeiterin die Situation aber gar nicht richtig einschätzen und ein Austausch mit ihr wäre deshalb noch viel dringlicher. Endlich willigte die Mutter ein, dass ich mit der Sozialarbeiterin Kontakt aufnehmen konnte. Ebenfalls fragte ich um die Erlaubnis der Schwester, mit deren Sozialarbeiterin in Kontakt zu treten, denn dort wurde über eine Heimeinweisung des Kindes gesprochen, da ihre Krankheit fortschritt, wodurch sich die kranke Schwester noch elender fühlte.

Ich erhielt die Erlaubnis beider Schwestern und brachte es fertig, dass wir zu fünft – die kranke Schwester, die Schwester aus meinem Schulhaus, beide Sozialarbeiterinnen aus zwei verschiedenen Sozialzentren der Stadt Zürich und ich – eine gemeinsame Sitzung vereinbaren konnten. Aus dieser einen Sitzung wurden deren drei. Das Resultat war grandios. Die Mutter von Najim zog mit ihrem Sohn zu ihrer kranken Schwester, da diese bereits eine eigene Wohnung hatte. So konnten die Kinder ins gleiche Schulhaus gehen. Und die Schwester hatte eine Person zuhause, die sie pflegen konnte und sich während ihrer Abwesenheit wegen Therapien oder Operationen um ihr Kind kümmerte. Somit hatten wir das Problem der Notwohnung, der Heimeinweisung, der Entwurzelung von Najim, welcher von Notwohnung zu Notwohnung ziehen musste, und noch vieles mehr gelöst. Alle Beteiligten waren enorm entlastet und hatten wieder etwas Hoffnung geschöpft. Diese Art der Zusammenarbeit ist dem ganzen System förderlich.

Die Schulsozialarbeit verhindert immer wieder Heimeinweisungen, wodurch im Nebeneffekt Geld eingespart wird.

4.16 Ressourcen

Nicht alle Begleitungen der Kinder durch die Schulsozialarbeit können abgeschlossen werden. Die Schulsozialarbeit ist nur für die Kinder zuständig, die ihrem Schulhaus zugeteilt sind. Das heisst, sobald das Kind das Schulhaus verlässt, muss der Fall abgeschlossen werden. Falls das Kind weiterhin eine Betreuung durch die Schulsozialarbeit braucht, kann diese der Schulsozialarbeit des folgenden Schulhauses übergeben werden, sofern das Kind und die Eltern damit einverstanden sind. In den Fällen, in denen die Eltern oder das Kind dies ablehnen, herrscht Schweigepflicht.

Somit kenne ich auch die Situation, dass ich lange mit einem Kind und seiner Familie gearbeitet habe, aber leider den grossen Durchbruch nicht miterleben konnte. Diese Fälle sind nicht häufig, aber es gibt sie. Oftmals sind es Sechstklässler, die das Schulhaus verlassen, um in die Oberstufe zu gehen, oder Drittklässler, die für die vierte Klasse in ein Nachbarschulhaus eingeteilt werden. In diesen Fällen bespreche ich in den letzten sieben Treffen, was wir alles zusammen gelernt haben, worauf zukünftig Acht gegeben werden müsste, um im nächsten Schulhaus nicht wieder in denselben Schwierigkeiten zu landen. Wir überlegen zusammen, wie die weitere Unterstützung aussehen könnte. In diesen Gesprächen ist es wichtig, dass ich die Eltern stärke und ihnen ihre eigenen, zum Teil neu erlernten Ressourcen, verdeutliche.

Wiederum ist es mein Ziel, dass die Menschen spüren, sie verlassen mein Büro – meine Beratung – mit einem Rucksack voll an nützlichem Werkzeug. Es ist viel passiert, während wir miteinander gearbeitet haben. Ihre Welt hat sich verändert und sie haben ganz neue Voraussetzungen, um ihr jetziges Leben zu meistern, auch wenn wir vielleicht noch nicht ganz am Ziel angelangt sind.

Fallbeispiel Aleksa

Ein Beispiel dafür ist ein Mädchen namens Aleksa. In ihrer Familie gab es viele Veränderungen während unserer Zusammenarbeit, auch wenn das Kind beim Verlassen unseres Schulhauses am Ende der 6. Klasse noch nicht gänzlich die Schule und das Lernen ernst genug nahm. Der Familienzustand und der Status der Familie hatten sich jedoch derart verändert seit Beginn meiner Unterstützung, dass die Familie kaum als dieselbe zu erkennen war. Aleksa brauchte noch Zeit, bis die neue Lebenssituation sich auf sie auswirken konnte. Aber gleichwohl waren Ressourcen entstanden und mit der Zeit würde sich dies bestimmt auf Aleksa auswirken. Davon waren die Eltern und ich fest überzeugt. Die Eltern wollten im Oberstufenschulhaus nicht weiter mit der Schulsozialarbeit zusammenarbeiten. Sie fühlten sich nun als Familie genügend gefestigt und glaubten, keine weitere Unterstützung zu brauchen.[63] In einer Partnerschaft, in der mit Vertrauen gearbeitet wird, braucht es auch das Vertrauen, einen Entscheid der anderen Seite mitzutragen. Wenn der Klient also entscheidet, er habe genug Werkzeuge erhalten und er könne seine Situation selbstständig weiter meistern, dann muss ich dies, als Schulsozialarbeiterin und Partnerin in unserem Bündnis, akzeptieren. Das Gleiche passiert, falls der Klient entscheidet, er möchte weiterhin unterstützt werden, dann organisiere ich für den Übertritt ins neue Schulhaus den Kontakt zur neuen Schulsozialarbeiterin.

Zurück zu unserem Beispiel, dem Mädchen Aleksa. Sie hatte sich im letzten halben Jahr, während wir uns regelmässig zu Terminen trafen, vehement verbessert. Ihr Notenschnitt war um 1,5 gestiegen. Es war schön, mit anzusehen, wie stolz ihre Eltern jetzt auf sie waren. Bis vor Kurzem hatte sie uns allen grosse Sorgen gemacht. Bis spät in die Nacht war sie auf dem Pausenplatz anzutreffen und ihre Hausaufgaben hatte sie nie mit in die Schule gebracht. Sie war zwar immer ausnehmend freundlich, dennoch mischte sie sich in jeden Streit ein, und in jede grössere Auseinandersetzung im Schulhaus war sie irgendwie verwickelt. Sie war gross gewachsen und stark übergewichtig. Man konnte sie unmöglich übersehen. Doch nun, gegen Ende der 6. Klasse und somit auch am Ende meiner Intervention, war sie kaum noch nach dem Unterricht auf dem Pausenplatz anzutreffen. Ihre Hausaufgaben waren zwar nur selten vollständig erledigt oder unterschrieben, aber sie kam regelmässig zum Unterricht und war darauf bedacht, so schnell wie möglich nach der Schule wieder zu ihren Eltern zu gehen. Umso mehr machten sich Lehrerinnen und Lehrer Sorgen wegen des Übertritts in die Oberstufe. Man sah ihr Potenzial und war bestrebt, dafür zu sorgen, dass sie es umsetzen konnte, indem man eng mit den Eltern zusammenarbeitete, so wie die Lehrpersonen und ich es angeboten hatten. Andererseits vertraute man Aleksa noch nicht, dass sie sich aus eigenem Antrieb in diesem jetzigen positiven Zustand halten könnte. Die Hoffnung, ihre Eltern könnten sie von sich aus fördern und unterstützen, mehr für ihre Ausbildung zu tun, war schon längst einer grossen Enttäuschung gewichen. Die Eltern hatten die Schule so gut wie möglich gemieden, bis zu dem Moment vor knapp zwei Jahren, wo ich als Schulsozialarbeiterin mit grösster Sorgfalt zu ihnen eine Beziehung aufgebaut hatte. Die Eltern waren sehr absorbiert von ihrem eigenen Alltag.

63 Wie im theoretischen Teil dieses Buches ausgeführt im Kapitel „Im Dialog mit dem Gegenüber“, siehe S. 25.

Beide Eltern, aus Slowenien stammend, waren Analphabeten. Zwei ihrer Kinder, Aleksa und ihr zwei Jahre älterer Bruder, gingen in unsere Schule. Aleksas Eltern drückten sich lange vor dem Thema „Schule", damit ihr geheimes Manko, der Analphabetismus, nicht entdeckt würde, weder von den Kindern noch von der Schule. Sie kamen nicht gerne in die Schule und wollten erst recht nicht, dass die Lehrpersonen ihnen die unausgefüllten Hefte ihrer Kinder zeigten. Sie lehnten es ab, genauer über ihre Kinder informiert zu werden. Jedoch immer wieder betonten sie die Hoffnung, die sie in ihre Kinder hätten. Sie hatten den Glauben nicht verloren, ihre Kinder würden den Weg durchs Leben ohne ihre Unterstützung finden. Der Vater war angestellter Bäcker. Die Mutter mochte zu Beginn nicht zu mir kommen und entschuldigte sich jedes Mal wegen Kopfschmerzen und anderer Krankheiten. Nach vielen Bemühungen erreichte ich es, dass zumindest der Vater zu mir kam. Jedes Mal jammerte er aber darüber, dass er keine Zeit hätte, so oft bei mir reinzuschauen und dass es ihm zu viel sei.

Nach einer Anfangszeit liess ich beide Kinder bei meinen Gesprächen mit dem Vater dabei sein. Der Vater kam nie mit leeren Händen. Er verwöhnte uns jedes Mal mit Leckereien aus der Bäckerei. Er erzählte uns, dass er bald einen Backwarenkiosk aufmachen möchte. Die Kinder staunten. So wenig, wie der Vater in der Vergangenheit die Kinder nach der Schule gefragt hatte, so wenig wussten die Kinder von der Arbeit ihres Vaters. Sie wussten auch nicht wirklich, was die Mutter arbeitete.

Obwohl beide Kinder sich in der Schule ziemlich auffällig verhielten und z. B. vom Handarbeitsunterricht ausgeschlossen wurden, weil sie nicht mehr tragbar waren, ging ich in den Treffen mit dem Vater wenig auf die Beschwerden der Schule ein, sondern förderte den Austausch in der Familie über ihre Alltagsbeschäftigungen. Es schien, dass der Vater die Zeit liebte, in der er seinen Kindern von seinen Gedanken und Taten erzählen konnte. Die Kinder lernten ihren Vater von einer neuen Seite kennen. Der Vater kam nun regelmässig zu den wöchentlichen Treffen. Nach einigen Treffen konnte ich dem Vater erklären, wie wichtig es sei, dass er ebenfalls wisse, was seine Kinder den ganzen Tag tun und was ihre Vorstellungen der Zukunft seien. Der Vater konnte sich darauf einlassen. Ich gab einige Rückmeldungen aus den Klassen seiner Kinder, blieb aber achtsam, dass das Familiengeschäft weiterhin im Zentrum unserer Gespräche stand. Der Vater verblüffte seine Kinder mit seinen Bäckerträumen. Manchmal sah es aus, als würden sie vor Stolz platzen. Dieser Stolz auf den Vater und später auf beide Eltern war neu. Dies gab den Kindern Würde und eine gewisse Wichtigkeit. Plötzlich hatte das Lernen in der Schule einen konkreten Sinn.

Der Vater war ein Mann der Tat: Wie in unseren Sitzungen vorangemeldet, kündigte er seine momentane Stelle als Bäcker und eröffnete in einem kleinen Lokal im Quartier seinen eigenen Backwarenkiosk. Ich bangte sehr, dass er sich in Schulden stürzen würde. Für den Vater aber war es eine gute Zeit. Er war stolz auf sein Vorgehen. Er fühlte sich nun genug stark und bewundert von seinen Kindern, dass er ihnen sein lang gehütetes Geheimnis lüftete. Er erklärte ihnen bei mir im Büro, dass weder er noch die Mama lesen und rechnen gelernt hätten. Sie mussten als Kinder zuhause helfen und hatten nicht die Möglichkeit, eine Schule zu besuchen. Schnell wurde in unseren Sitzungen klar, dass die Kinder die Eltern bei gewissen Dingen unterstützen könnten. Auch der Alltag der Mutter, die bis dahin als Reinigungsfrau in verschiedenen Haushalten arbeitete, veränderte sich. Sie wurde ins Geschäft eingebunden und war von nun an die Verkäuferin im Kiosk.

Der ältere Sohn half in der Folge bei den Abrechnungen und berechnete die Bestellungen von Mehl und den anderen Zutaten. Aleksa half lieber beim Vorbereiten des Gebäcks. Unsere Sitzungen wurden ziemlich aufregend, wir machten Pläne und teilten die Arbeit auf. Klar wurde auch, und dies konnte ich von meiner Seite her leicht herausheben, dass die Eltern, wenn die Kinder in der Schule ihr eigenes „Geschäft“, die Schülerpflichten, nicht befriedigend erledigten, die Eltern häufig zu Sitzungen in der Schule mit den Lehrpersonen kommen müssten. Dies würde den Eltern viel Kraft und Zeit rauben. Hingegen würden die Kinder in der Schule genau dies lernen, was sie brauchten, um ihre Eltern zu unterstützen. Sowohl das Schreiben wie auch das Rechnen waren ausschlaggebende Eigenschaften, die es im Kiosk brauchte, um all die Plakate mit den Preisen etc. zu gestalten.

Da unsere Sitzungen eine so grosse Bedeutung für die Familie gewannen, nahm die Mutter nach einer Weile ebenfalls an den Sitzungen teil. Vielleicht stand ihr Kommen im Zusammenhang mit dem gelüfteten Geheimnis des Analphabetismus, denn sie schien erleichtert zu sein.

Zu Beginn meiner Intervention war der grosse Bruder bereits in der 6. Klasse, das Mädchen in der 5. Der Bruder war in die Sek B eingeteilt.[64] Im Laufe meiner Intervention wurde die Familiensituation geregelter. Die einzelnen Mitglieder der Familie hatten ihren Platz gefunden. So schien es wenigstens. Ich begleitete die Familie aber weiterhin.

---

64 Beim Übertritt in die Oberstufe in der Stadt Zürich wird eine Einteilung in die Sekundarschule A, B aufgrund einer Gesamtbeurteilung vorgenommen. Diese umfasst die schulischen Leistungen eines Kindes, sein Arbeits- und Lernverhalten, das Sozialverhalten sowie seinen Entwicklungsstand. Jede Sekundarschule verfügt über die beiden Abteilungen A und B. Die Abteilung A ist die anspruchsvollere (https://www.zh.ch/de/bildung/schulen/volksschule/sekundarschule.html).

Das Projekt Backwarenkiosk des Vaters und der Mutter war erfolgreicher, als die Eltern anfänglich erhofft hatten. Nach kurzer Zeit lief es schon sehr gut. Die Kinder verbrachten viel Zeit im Kiosk. Sie lernten zwar immer noch nicht so viel für die Schule, wie sie eigentlich nach der Meinung der Schule sollten, aber sie lungerten nicht mehr auf den Strassen herum. Sie halfen ihren Eltern bei der Arbeit und lernten dabei eine Menge über das (Arbeits-)leben. Sie eigneten sich Wissen und Fähigkeiten an, von denen andere Gleichaltrige noch gar nichts ahnten. Nach einem Jahr fassten die Eltern den Mut und übernahmen die Bäckerei, in welcher der Vater früher gearbeitet hatte – gross und zentral im Quartier gelegen. Der Vater erhielt Unterstützung von seinem Bruder aus dem Ausland.

Ich war freudig überrascht. Nach einem weiteren Jahr lief das Geschäft gut. Viele Leute schienen die Backwaren von dort zu schätzen. Die Mutter an der Theke strahlte. Ihr Sohn hatte es von der Sek B innerhalb eines Jahres in die Sek A geschafft. Er wollte später die Buchhaltung des Betriebes übernehmen. Und Aleksa wäre eine prima Bäckerin, sobald sie die Schule abgeschlossen habe, meinte die Mutter überzeugt. Sie kenne bereits jetzt einige ihrer geheimen Rezepte. Die Mutter strahlte, sie war sichtlich stolz auf sich selbst, ihren Mann und ihre zwei Kinder. Sie konnten nun ihren Kindern im Leben einen guten Platz bieten und brauchten sich nicht mehr vor der Schule, den Lehrpersonen oder eben vor ihren eigenen Kindern zu verstecken.

Aleksa hatte allerdings immer noch nicht ernsthaft angefangen zu lernen. Sie blieb schwer übergewichtig. Dennoch konnte ich ohne Bangen den Entscheid der Eltern und des Kindes mittragen, beim Übertritt in die Oberstufe keine Fallübergabe an die Schulsozialarbeiterin der Oberstufe zu machen.

Aleksa hatte eine Zukunft. Ihre Eltern konnten ihr zeigen, wie man das Leben meistert. Und tatsächlich war es so, denn obwohl sich bei uns im Schulhaus beinahe wöchentlich Lehrpersonen über dieses Kind beklagt hatten, verliefen die ganzen drei Jahre Oberstufe ohne eine Reklamation an die Eltern, wie ich später erfahren habe.

Schlusswort

Jetzt bin ich am Ende meines Buches angelangt. Während des Schreibens haben sich Dinge für mich selbst geklärt. Ich gehe von einem Menschenbild aus, das das Recht eines jeden Menschen auf Selbstständigkeit und Autonomie voraussetzt. Ich glaube an die Fähigkeit eines jeden Menschen, wählen zu können, sofern der Mensch sein Umfeld verstehen und einordnen kann. Diese Wahl verpflichtet. Sie bedeutet, aktiv zu sein und Verantwortung für den selbst gewählten Weg zu übernehmen. Wir als Schulsozialarbeitende können Partner sein in diesem Prozess. Wir haben die Möglichkeit, für einen gewissen Zeitraum mit diesen Menschen, unseren Klienten, welche die Interaktion und den Dialog mit uns suchen, einen Deal einzugehen in ihrer Lebenswelt. Aber dieser Deal bedingt im Voraus abgesprochene Regeln.

In der Schule müssen die Kinder viel lernen: rechnen, schreiben und lesen, turnen und einiges über den Menschen und die Umwelt, zusätzlich müssen sie in der Schulklasse auch Neues über Sozialverhalten und das Leben in einer Gruppe Gleichaltriger lernen. Kleine Könige und Prinzessinnen[65] werden entthront. Kinder, die sich bisher wie Igel und Löwen verhalten haben, müssen lernen, schlau wie Katzen (klug wie Schlangen und sanft wie Tauben!) auf Beleidigungen und Provokationen zu reagieren.[66] Regeln müssen eingehalten werden. Ganze Lebenskonzepte der Kleinen und deren Eltern werden umgestellt, sobald ein Kind eingeschult wird.

Um mit den Eltern und Kindern umsetzbare Lösungen zu finden, müssen diese verständlich sein und auf der Hand liegen. Daher ist es auch so schwer, über die Erfolge der Schulsozialarbeit zu sprechen. Die Lösungen sehen meist banal aus, wenn sie endlich gefunden sind. Dennoch ist es wichtig, dass wir darüber sprechen und die Erfolge hervorheben, um daraus zu lernen.

Als Schulsozialarbeiterin habe ich die Möglichkeit, im Alltagskontext, im grösseren Umfeld der Familie, zu wirken. Zum Beispiel kann eine Mutter in meinem Büro weinen und am selben Tag bei ihrer Arbeit am Pausenkiosk

---

65 In den Familien gelten die Kleinen oft als Könige oder Prinzessinnen. Kommen sie dann in eine Gruppe von mehreren Kindern, müssen sie erleben, wie sie nur noch einer oder eine von Zwanzig sind. Nicht alle Kinder nehmen dies auf die leichte Schulter. Einige kämpfen standhaft für ihre verlorenen Rechte!

66 Ich gehe davon aus, dass ein Löwe auf einen Angriff ziemlich aggressiv mit einem Gegenangriff reagiert. Der Igel zieht sich in sich zusammen. Versteckt sich unter seinen Stacheln und stellt sich tot. Seine Stacheln verletzten nicht nur den direkten Angreifer, sondern sind gegen alle gerichtet, die ihm näherkommen. Hingegen rennt die Katze, wenn ein Hund sie angreift, davon und sucht sich einen Baum oder etwas, an dem sie hochklettern kann. Sie weiss, ihr Angreifer kann nicht hochkommen. Sie begibt sich in Sicherheit. Sie harrt dort aus, bis die Gefahr wieder vorbei ist.

lachen. Und ich als Schulsozialarbeiterin teile und erlebe beides mit ihr zusammen! Diese Nähe hilft beim Aufbau der speziellen auf Vertrauen basierenden, partnerschaftlichen Beziehung.

- Es gibt in der Schulsozialarbeit viele Möglichkeiten, um einfache Lösungen zu finden. Die Schulsozialarbeit steht mitten im Alltag der betroffenen Kinder und deren Bezugspersonen. Wir haben das richtige Setting, die Nähe, um das Kind als Ganzes zu erkennen und nicht nur sein Problem. Wir sind vor Ort im Schulhaus stationiert. Dies befähigt uns, die vielen Varianten einer einfachen Lösung zu finden.
- Wir wissen: Es gibt keinen idealen Papa und keine ideale Mama. Jede Situation wird zum ersten Mal gelebt. Aber jede und jeder muss immer wieder improvisieren und kreativ neue, lebbare Wege gestalten, um nicht Gefahr zu laufen, ständig dieselben Fehler zu wiederholen.
- Jedes Kind hat das Anrecht, dass wir an seine Fähigkeiten glauben.
- Wir Schulsozialarbeitende sind da, um jedem Kind Hilfe und Unterstützung zu geben, damit es gangbare Wege mit seinen nächsten Bezugspersonen findet – mit dem Blick in seine Zukunft. Wir helfen ihm, dass es das Erlebte so zuordnen kann, dass es befähigt wird, allein weiterzumachen.

Je besser die Schulsozialarbeit eine lebbare Zuordnung machen kann – die das ganze Umfeld zufriedenstellt – umso schneller können das Kind und seine Eltern das blockierende Erlebnis beiseitelegen. Das Zuordnen hilft den Klienten, ihre Welt wieder besser zu verstehen. Sie können so neue Prioritäten für sich setzen. Erst dann haben sie die Möglichkeit zu wählen. Das Kind und die Eltern müssen ihren eigenen Handlungsspielraum erkennen können. Diese Wahl befähigt sie, wieder aktiv zu werden. Sie haben dann die Möglichkeit, ihren Willen zu verfolgen. Ihre Lebenssituation hat sich somit geändert. Diese neue Situation schafft Motivation und hilft, Verantwortung für das eigene Verhalten zu übernehmen. Das Kind und dessen Eltern bestimmen mit, wie es nun weitergeht. Die Familie, die Eltern und das Kind finden von Neuem die Kraft, sich für sich selbst einzusetzen. So ergibt das Leben wieder einen Sinn. Um Integration zu erreichen, braucht es Einsatz.

Sobald die Eltern ihren roten Faden in ihrem Leben wiedergefunden haben und dem Kind die Zusammenhänge erklären können, lernt das Kind sein Leben, den Alltagsablauf verstehen. Den Alltag und dessen Sinn zu verstehen macht glücklich und gibt Energie. Diese Energie motiviert und hilft, die Betroffenen von ihrer Blockade zu befreien, so dass sie selbst wieder aktiv werden können. Die alten Verhaltensmuster und Werte können dabei hinderlich sein. Wer eine Veränderung will, muss bereit sein, seine alten

Gewohnheiten und Werte zu überdenken und falls nötig, zu opfern. Die eigenen Prioritäten müssen neu geordnet werden. Es ist nicht alles gleichzeitig möglich.

Habe ich schliesslich mit einem Klienten diese Stufe von Begleitung erreicht, ist eine neue Ausgangssituation erreicht, die zeigt, dass vieles möglich ist, jetzt braucht es den Mut und das Aktivwerden der Klienten selbst. Es ist wichtig, zu wissen, wohin man gehört. Nur wer das Gefühl erlebt, selbst über sein Leben bestimmen zu können, ist auch bereit, Verantwortung dafür zu übernehmen. Es braucht Mut, zu akzeptieren, dass vielleicht nicht alles ganz perfekt, aber einem dennoch lieb und wertvoll ist.

Die in diesem Buch geschilderten Fallgeschichten zeigen, dass auf allen verschiedenen Stufen der Interventions-Treppe der Moment der Konvergenz, der Übereinstimmung erreicht werden kann, abhängig vom Klienten, dessen Umfeld und dem Professionellen selbst. Das heisst, es ist nicht festgelegt, in welcher Interventionsstufe dieser Moment der Konvergenz wirklich passiert. Wenn der Professionelle spürt, dass der Klient sich noch nicht wirklich wahrgenommen fühlt, kann es sinnvoll sein, nochmals mit der Intervention zurückzugehen auf den Stufen der „Interventionsablauftreppe", bis sich dieser Moment ergibt. Der Professionelle braucht die Beziehung auf Augenhöhe zu seinem Klienten. Ohne Konvergenz erreicht zu haben, gegenseitiges Wahrnehmen, Vertrauen, Lernen und die Akzeptanz der gemeinsamen Regeln in der Beziehung, kann man keine gemeinsame Aktion, kein wirkliches Handeln aufseiten des Klienten erwarten. Es fehlen Motivation und Einsicht, um Verantwortung zu übernehmen.

Die partnerschaftliche Beziehung, die wir Schulsozialarbeitenden dem Kind und dessen Eltern anbieten und in der wir den regen Austausch üben, hilft den Eltern und dem Kind in einem nächsten Schritt auch weiter, um den Dialog mit anderen Bezugspersonen zu führen. Sobald wir es schaffen, mit den Kindern und deren Eltern eine vertrauenswürdige, offene partnerschaftliche Beziehung aufzubauen, kann diese nachgeahmt werden. Die Eltern lernen durch das Ausprobieren mit der Schulsozialarbeit, eine ebensolche Beziehung zu ihren Kindern aufzubauen. Das Kind selbst lernt es ebenso. So können mit der Zeit in der Familie selbst Lösungen erarbeitet und antrainiert werden. Die Methoden sind den Eltern und den Kindern bekannt. Dieses Muster können die Klienten dann auch für weitere Bezugspersonen oder für den Kontakt mit Lehr- und Amtspersonen verwenden. Denn Kind und Eltern brauchen die Fähigkeit, mit den verschiedensten Bezugspersonen umgehen zu können.

Wenn ich mit den Kindern und deren Eltern am Schluss meiner Begleitung über den Verlauf unserer Begegnung spreche, sind es diese Punkte, die immer wieder als Meilensteine erwähnt werden:

- Selbst aktiv werden und nicht warten, bis jemand mit mir Mitleid hat;
- für meine eigenen Bedürfnisse oder die meines Kindes einstehen, mich sozial vernetzen, nach Aussen treten und den Mut haben, Fragen zu stellen;
- nicht vergessen, dass ich bestimmt nicht die einzige Person bin, die unter diesem Zustand leidet – niemand ist so einmalig;
- das Vertrauen bewahren, dass die jetzige schwierige Situation gelöst werden kann. Alles ist vergänglich – es wird wieder einfacher und besser.

Um den Schritt des Ablösens zu wagen, braucht es wiederum einige Voraussetzungen: Vertrauen in sich selbst, in seine eigenen Fähigkeiten. Gleichgesinnte und Freunde helfen dabei immens. Isolation ist auf Dauer unaushaltbar. Daher ist es unerlässlich, mit anderen über die eigene Situation zu sprechen. Jeder Einzelne muss aktiv sein, aber gemeinsam geht es besser. Es braucht Hoffnung, Neugier auf Neues und den Glauben, dass es besser werden kann. Um Hindernisse zu überwinden, braucht es zunächst Willenskraft und dann mehrfaches Training. Individuelle, massgeschneiderte Arbeit mit dem ganzen Umfeld im Kindergarten- und Primarstufenalter zahlt sich um ein Vielfaches aus. Schulsozialarbeit kann dazu beitragen, dass mehr Kinder ihre Schulzeit fröhlicher erleben dürfen.

Die Schulsozialarbeit befasst sich mit der persönlichen Lebenswelt jedes einzelnen Kindes in der Schule, während die Schule als Institution das Kind zu sozialisieren und zu fördern versucht. Daraus ergibt sich, dass Schulsozialarbeit eine wertvolle Ergänzung für den gesamten Schulbetrieb ist. Schulsozialarbeit muss ständig im Wandel bleiben und sich neu entdecken. Die Benutzer eines Schulhauses ändern sich immer wieder, neue Siedlungen entstehen, Quartiere verändern sich und somit auch die Kinder in den Schulen. Die Schule selbst ändert sich, es entstehen neue soziale Bedürfnisse im Schulhaus. Die Schulsozialarbeit muss sich entsprechend anpassen und sich selbst immer wieder neu (er-)finden. Der Austausch und der Dialog sind die Grundpfeiler der Schulsozialarbeit und müssen stets weitergeführt werden. gEs gibt keinen Endpunkt. Die Geschehnisse müssen immer wieder von Neuem wahrgenommen, verstanden und zugeordnet werden können. Nur wer wieder seine Orientierung gefunden hat, kann selbstständig weitermachen.

Meiner Einschätzung nach wird der Bedarf an Schulsozialarbeit und weiteren sozial ausgebildeten Experten und Expertinnen in den Schulen in den kommenden Jahren zunehmen. Glaubt mir, es gibt noch viel zu tun. Die Schulsozialarbeit kann helfen.

All dies ist möglich ... und noch mehr!

Literatur

Argyris, Chris/Schön, Donald A. (1989) Theory in Practice: Increasing Professional Effectiveness. San Francisco, London: Jossey-Bass Publishers.

Beiderwieden, Jens/Windaus, Eberhard/Wolff, Reinhart (1986) Jenseits der Gewalt: Hilfen für misshandelte Kinder. Basel, Frankfurt a. M.: Stroemfeld/Roter Stern.

Berg, Insoo Kim (1992) Familien Zusammenhalt(en): ein kurztherapeutisches und lösungs-orientiertes Arbeitsbuch. Systemische Studien Bd 8, hg. v. Jürgen Hargens, Dortmund: Verlag modernes Lernen.

Berg, Insoo Kim/Shilts, Lee (2009) Einfach Klasse: WOWW Coaching in der Schule. Dortmund: Borgmann Media.

Beyeler-Von Burg, Hélène (1985) Schweizer ohne Namen: Die Heimatlosen von heute. Treyvaux/Schweiz: Science et Service.

Bildungsdepartement siehe: www.zh.ch/de/bildung/informationen-fuer-schulen/informationen-volksschule/volksschule-organisation/schulstufen-uebergaenge.html (Abgerufen 12.04.21).

Bildungsdepartement siehe: www.zh.ch/de/bildung/schulen/volksschule/sekundarschule.html (Abgerufen 12.04.21).

Buber, Martin (1983) Ich und Du. 11. Auflage, Heidelberg: Lambert Schneider GmbH.

Chess, Stella/Thomas, Alexander (1984) Origins and Evolution of Behavior Disorders: *From infancy to early adult life.* New York: Harvard University Press.

Christoph-Wyler, Yvonne (1996) Konzept und Handbuch der Familien Ergänzenden Sozialpädagogischen Tagesstruktur „FEST“. Amt für Kinder- und Jugendeinrichtungen der Stadt Zürich, Zürich: unveröffentlicht (nur zum internen Gebrauch).

Christoph-Wyler, Yvonne (2004) Das Schulhaus als Fall: Beiträge zu einem Konzept der Schulsozialarbeit unter dem Blickwinkel der Ressourcen- und Sozialraumorientierten Sozialarbeit. Zürich: Berner Fachhochschule, Institut für Weiterbildung.

Drilling, Matthias (2004) Schulsozialarbeit. Antworten auf veränderte Lebenswelten. 3. Auflage. Bern: Haupt.

Dörner Dietrich (1989) Die Logik des Misslingens: Strategisches Denken in komplexen Situationen. Reinbek bei Hamburg: Rowohlt Taschenbuch Verlag.

Frankl, Viktor E. (1946) Trotzdem Ja zum Leben sagen: Ein Psychologe erlebt das Konzentrationslager. Wien: Jugend und Volk.

Grossmann, Christina (1996) Projekt: Soziales Lernen. Ein Praxisbuch für den Schulalltag. Mülheim, Ruhr: Verlag an der Ruhr.

Gurt, Philipp (2017) Schattenkind: Wie ich als Kind überlebt habe. Autobiografie. Chur: Literaricum.

Hargens, Jürgen (1992) Vorbemerkungen des (Reihen-)Herausgebers. In: Berg, Insoo Kim, Familien-Zusammenhalt(en): Ein kurz-therapeutisches und lösungs-orientiertes Arbeitsbuch. Systemische Studien Bd. 8. Dortmund: Verlag modernes Lernen.

Hinte, Wolfgang (2002) Zur Notwendigkeit Sozialräumlicher Orientierung in der Jugendhilfe. In: Hirsauer Blätter. Heft 7. Jugendhilfe und Schulen Chancen der Kooperation. Universität Duisburg Essen, S. 49–69.

Hinte, Wolfgang/Litges, Gerd/Springer, Werner (1999) Soziale Dienste: Vom Fall zum Feld: Soziale Räume anstatt Verwaltungsbezirke, Sonderband 12. Hinte Wolfgang, Litges Gerd, Werner Springer. Berlin: Edition Sigma.

„Induktion (Philosophie)". In: Wikipedia, Die freie Enzyklopädie. Bearbeitungsstand: 20. Dezember 2020, 11:34 UTC. URL: https://de.wikipedia.org/w/index.php?title=Induktion_(Philosophie)&oldid=206722404 (Abgerufen: 12. April 2021, 14:55 UTC.

Karrer, Felix (2009) Dok Film „Achtung Kinder! Sprechstunde Schulsozialarbeit", dir Felix Karrer; Zürich: SRF https://bit.ly/2k6jen4.

„Konvergenz (Psychologie)". In: Wikipedia, Die freie Enzyklopädie. Bearbeitungsstand: 2. Oktober 2020, 23:53 UTC. URL: https://de.wikipedia.org/w/index.php?title=Konvergenz_(Psychologie)&oldid=204192926 (Abgerufen: 12. April 2021, 14:46 UTC).

Landert, Charles (2002) Schulsozialarbeit in der Stadt Zürich, Bericht über die Evaluation 1996–2002. Zürich.

Lanfranchi, Andrea (2001) Wir schieben Kinder zu schnell ab. Zürich: Tages Anzeiger 23. Mai 2001.

Lieberman, Alicia F (1995) The Emotional Life of the Toddler. New York: Simon & Schuster N.Y., S. 2, 7–8.

Olweus, Dan (1996) Gewalt in der Schule: Was Lehrer und Eltern wissen sollten und tun können. 2. Auflage Bern; Göttingen; Toronto; Seattle: Hans Huber.

Omer, Haim (2002) Autorität ohne Gewalt: Coaching für Eltern und Kinder mit Verhaltensproblemen. „Elterliche Präsenz" als systemisches Konzept. Göttingen: Vandenhoeck & Ruprecht.

Omer, Haim (2010) Stärke statt Macht: Neue Autorität in Familie, Schule und Gemeinde. Göttingen: Vandenhoeck & Ruprecht.

Omer, Haim: Weiterbildung 25.11.05, Zürich.

Riet, Nora van/Wouters, Harry (2002) Case-Management: Ein Lehr- und Arbeitsbuch über die Organisation und Koordination von Leistungen im Sozial- und Gesundheitswesen. Luzern: lnteract.

Rosenfeld, Jona (1992) Vorlesungen an der Hebrew University. Jerusalem.

Rothenberg, Mira (1987) Children with Emerald Eyes: Hostories of Extraordinary Boys & Girls., Berkeley, California: North Atlantic Books.

Sacks, Oliver (1990) Stumme Stimmen: Reise in die Welt der Gehörlosen, Reinbek bei Hamburg: Rowohlt.

Sacks, Oliver (2008) Der einarmige Pianist: Über Musik und das Gehirn. Reinbek bei Hamburg: Rowohlt.

Sacks, Oliver (2015) On The Move: Mein Leben. Reinbek bei Hamburg: Rowohlt.

Schön, Donald A. (1987) Educating the Reflective Practitioner. San Francisco: Jossey-Bass Publishers.

Schul- und Sportdepartement siehe: www.stadt-zuerich.ch/ssd/de/index/volksschule/kindergarten.html (Abgerufen 12.04.21).

Schul- und Sportdepartement siehe: www.stadt-zuerich.ch/ssd/de/index/volksschule/betreuung_horte.html (Abgerufen 12.04.21).

Senfft, Alexandra (2009) Fremder Feind, so nah: Begegnungen mit Palästinensern und Israelis. Hamburg: Edition Körber-Stiftung.

Shafak, Elif (2017) Three Daughters of Eve. London: Penguin Books. U.K.

Soziale Dienste Zürich (2003) Schulsozialarbeit in der Stadt Zürich. Konzept. ln Zusammenarbeit mit dem Schul- und Sportdepartement der Stadt Zürich, internes Papier.

Sozialdepartement siehe: www.stadt-zuerich.ch/sd/de/index/unterstuetzung/obdach.html (Abgerufen 12.04.21).

Stadt Zürich Portal siehe: https://www.stadt-zuerich.ch/portal/de/index/politik u recht/kindes und_erwachsenenschutzbehoerde/ueber_die_kindes_und_erwachsenenschutzbehoerde.html (Abgerufen 12.04.21).

Stadt Zürich, Soziale Dienste (2013) Schulsozialarbeit in der Stadt Zürich: Fachkonzept, Fachsupport SOD/Fachliche Grundlagen, Zürich 16.5.2013.

Stadtrat Zürich siehe: Auszug aus dem Protokoll des Stadtrates von Zürich vom 6. Oktober 19XX.

Venzi, Aldo (2018) Schulsozialarbeit und Schulentwicklung – eine Betrachtung aus der Perspektive der Schulsozialarbeit. In: Soziale Arbeit im Kontext Schule: Aktuelle Entwicklungen in Praxis und Forschung in der Schweiz. Opladen, Berlin, Toronto: Budrich UniPress.

Yalom, Irwin D (1999) Theorie und Praxis der Gruppenpsychotherapie: Ein Lehrbuch. 5. Auflage, München: Pfeiffer bei Klett-Cotta.

Zentrum Rötel siehe: www.roetel.ch/spfa/ (Abgerufen 12.04.21).

Zentrum Rötel siehe: www.roetel.ch/fileadmin/user_upload/Dokumente/FEST_Downloads/FEST_Konzept_Nov_17.pdf, S.4.

Die Autorin

Yvonne Christoph-Wyler, MSW, ist Schulsozialarbeiterin des Sozialdepartements der Stadt Zürich, Schweiz. In Ramle, Israel, leitet sie einmal jährlich den mehrtägigen Workshop «Professionelle Arbeit im multi-kulturellen Rahmen» der NGO Kiriat Yearim. Zusätzlich ist sie Aussendozentin an der ZHAW Zürcher Hochschule für Angewandte Wissenschaft Departement Soziale Arbeit.

Sie ist verheiratet und Mutter von drei Kindern.